Como abrir um negócio que irá salvar o planeta

Universo dos Livros Editora Ltda.
Avenida Ordem e Progresso, 157 - 8º andar - Conj. 803
CEP 01141-030 - Barra Funda - São Paulo/SP
Telefone/Fax: (11) 3392-3336
www.universodoslivros.com.br
e-mail: editor@universodoslivros.com.br
Siga-nos no Twitter: @univdoslivros

Benjamin Vanden Wymelenberg

Empreendedor multimilionário que já plantou milhões de árvores em todo o mundo

Como abrir um negócio que irá salvar o planeta

A trajetória de um universitário que enriqueceu ao **acreditar em seus ideais**

São Paulo
2021

Grupo Editorial
UNIVERSO DOS LIVROS

*The world needs your f*cking ideas*
Buy One Plant One Publishing
Copyright © 2019 Benjamin VandenWymelenberg
Todos os direitos reservados.

Copyright © 2021 by Universo dos Livros
Todos os direitos reservados e protegidos pela Lei 9.610 de 19/02/1998.
Nenhuma parte deste livro, sem autorização prévia por escrito da editora, poderá ser reproduzida ou transmitida sejam quais forem os meios empregados: eletrônicos, mecânicos, fotográficos, gravação ou quaisquer outros.

Diretor editorial: Luis Matos
Gerente editorial: Marcia Batista
Assistentes editoriais: Letícia Nakamura e Raquel F. Abranches
Tradução: Daniela Tolezano
Preparação: Ricardo Franzin
Revisão: Juliana Gregolin
Arte: Valdinei Gomes e Renato Klisman
Capa: Zuleika Iamashita

Dados Internacionais de Catalogação na Publicação (CIP)
Angélica Ilacqua CRB-8/7057

V315c

VandenWymelenberg, Benjamin
Como abrir um negócio que irá salvar o planeta : a trajetória de um universitário que enriqueceu ao acreditar em seus ideais / Benjamin VandenWymelenberg ; tradução de Daniela Tolezano. — São Paulo : Universo dos Livros, 2021.
160 p. : il.

Bibliografia
ISBN 978-65-5609-021-4
Título original: The world needs your f*cking ideas

1. Empreendedorismo 2. Negócios 3. Sustentabilidade 4. Conservação da natureza I. Título II. Tolezano, Daniela

21-1250　　　　　　　　　　　　　　　　　　　　　　　CDD 658.4012

Este livro é para todos os humanos da Mãe Terra que têm uma grande ideia que pode impactar positivamente o planeta. Minha esperança é que esta leitura ajude-o a quebrar quaisquer barreiras mentais que existam na sua cabeça e permita que você dê o primeiro passo (ou continue) com sua ideia.

Dentro de cada um de vocês existe uma ideia para mudar o mundo. Não deixe que ela vá para a porcaria de túmulo com você. Saia, levante-se e faça acontecer!

Sumário

Advertência do autor 9

Introdução
Apenas um garoto falido da zona rural 11

Capítulo 1
Pare de pensar, comece a fazer e se comprometa com sua ideia 19

Capítulo 2
Transformando fracasso em oportunidade 31

Capítulo 3
A mentalidade formadora 39

Capítulo 4
Faça muitas perguntas 49

Capítulo 5
Tornando-se uma usina de força por meio do networking 59

Capítulo 6
Às vezes, você tem que ser babaca 71

Capítulo 7
Bons amigos o tiram da cadeia; melhores amigos estão na cela com você 85

Capítulo 8
O coletivo é melhor que o individual 97

Capítulo 9
Desconecte-se para reconectar-se 115

Capítulo 10
Espero que você goste de si mesmo 127

Capítulo 11
Grandes líderes sabem quando liderar e quando empoderar 139

Conclusão
Agora vá e faça acontecer! 147

Agradecimentos 151

Sobre o autor 153

Apêndice 155

Referências 159

Advertência do autor

O que você lerá é um relato cru e verdadeiro sobre minha real jornada como empreendedor e habitante do planeta Terra. Alguns dos nomes e lugares foram trocados para proteger os inocentes e os não tão inocentes. Afinal, algumas pessoas são apenas cuzonas.

Este livro está repleto de histórias loucas, com muitos palavrões e linguagem potencialmente rude. Apesar da abordagem direta e sem filtros, espero que ele sirva de inspiração para encorajar você a levar sua melhor ideia ao próximo patamar e começar um negócio que irá salvar o planeta.

Introdução

APENAS UM GAROTO FALIDO DA ZONA RURAL

A vida pode ser muito mais ampla quando você percebe um único fato: tudo ao seu redor foi inventado por pessoas que não são mais inteligentes que você, e você pode mudar essas coisas, exercer influência sobre elas e construir suas próprias coisas que os outros poderão usar. Quando você se der conta disso, nunca mais será o mesmo.

— **STEVE JOBS**
(Magnata de negócios e investidor americano)

Quer você saiba ou não, o destino do mundo está em suas mãos.

Mudanças climáticas, crises de saúde globais e muitos outros problemas ambientais, políticos e sociais continuam a ameaçar nossa qualidade de vida e a habitabilidade do nosso planeta. A boa notícia, porém, é que, depois de ler este livro, você vai salvar o universo!

Está imaginando como você vai resgatar a humanidade da iminente rota de colisão com a catástrofe? É simples: tudo de que precisamos são suas ideias.

Isso mesmo, o mundo precisa de alguém foda como você. Suas ideias estão provavelmente enterradas bem fundo em seu subconsciente, sempre desconfiado do julgamento dos outros e há anos receoso de fracassos. Mas a humanidade, mais do que nunca, precisa que você encare o desafio.

Tenho certeza de que todos temos a habilidade de mudar o mundo, porque vejo isso onde quer que eu esteja. Muitas pessoas têm ideias incríveis de negócios capazes de criar impacto, mas alguma coisa as impede de colocar seus pensamentos em ação.

Como um empreendedor em série, visitei todos os sete continentes e falei com muitas pessoas diferentes, de todas as esferas da vida. Durante essas conversas, inteirei-me de ideias incrivelmente inovadoras em quase todos os setores, de processos de cultivo a técnicas de purificação de água, passando por avanços tecnológicos e tudo o mais. Não ligo se sua ideia parece tão insignificante quanto criar uma raquete de badminton melhor. Se a prática de badminton ajuda as pessoas a viverem uma vida mais feliz, então salve o mundo ajudando-as a jogar melhor e faça acontecer!

Depois de ouvir, ao longo dos anos, tantas soluções fantásticas para a crescente lista de problemas mundiais, comecei a pensar sobre por que tão poucas delas se tornam realidade. Cheguei à conclusão de que uma ou mais das três preocupações equivocadas a seguir quase sempre são a raiz dessa inatividade.

1. As pessoas acham que precisam de uma graduação ou de experiência em negócios.

Não tem formação superior? Sem problemas. Fui um estudante de arquitetura sem nenhuma ideia de como começar ou gerenciar um negócio. Durante grande parte da minha vida, não tive nenhuma intenção de me tornar um empreendedor. Até o meu último ano na faculdade, minha ambição de carreira era projetar casas sustentáveis com a melhor tecnologia disponível no lindo estado do Colorado.

2. As pessoas acham que precisam de dinheiro ou investidores.

Eu era um garoto falido da zona rural quando comecei meu negócio. O melhor recurso que tinha era uma ética de trabalho inegavelmente forte, passada a mim por duas das pessoas mais diligentes que conheci na vida: meus pais. Desde pequeno, aprendi a trabalhar duro por tudo que eu quisesse, e foi por isso que tive três empregos para me sustentar durante a faculdade. Se você pode trabalhar mais do que todo mundo, como fiz, falta de dinheiro nunca será um obstáculo.

3. As pessoas não sabem por onde começar.

Aqui temos provavelmente uma combinação de procrastinação e medo de fracassar. Você quer passar o resto da sua vida pensando: "E se eu tivesse começado um negócio com a minha ideia?". Arrependimento é uma coisa horrível de se carregar pela vida e é pior ainda morrer com ele. Então, é tempo de levantar a bunda da cadeira, parar de se preocupar com o que os outros pensam e apenas fazer!

Apesar da opinião popular, fracassar *é* uma opção. Quem se importa se você fracassar? Nesse caso, pelo menos você pode viver pelo resto da vida sabendo que fez tudo que poderia ter feito para sua ideia funcionar. Além disso, entenda que não há um limite no número de tentativas que você tem para fazer seu negócio dar certo. Minha primeira tentativa foi um fracasso, mas isso não me fez desistir. Na realidade, você pode fracassar quantas vezes for necessário para que sua ideia decole. Você também pode começar um negócio de qualquer lugar e praticamente sem nada, assim como fiz.

Meu primeiro produto — uma capa de telefone de madeira feita à mão lançada no mercado de acessórios para artigos eletrônicos —, em retrospectiva, não foi uma boa escolha. Era um dos piores mercados que eu poderia ter tentado acessar, especialmente nos Estados Unidos. Naquele tempo, eu não entendia que a maioria desses acessórios era feita na China por dez centavos a peça, sendo depois vendidos para grandes lojas de eletrônicos que os revendiam com uma margem de lucro enorme. Era quase impossível competir naquele espaço, especialmente se você queria manter os empregos nos Estados Unidos e fazer o produto localmente, que foi o que fiz. Como resultado, fracassei miseravelmente com meu produto inicial.

Porém, ainda que possa soar estranho, serei eternamente grato por aquela experiência. Se eu tivesse analisado cuidadosamente todos os dados e esperado pelo momento perfeito para lançar minha ideia ao mundo, a cadeia de eventos que por fim levou ao meu sucesso provavelmente nunca teria acontecido. Minha jornada empreendedora teria seguido por um caminho muito diferente, um caminho cheio de hesitação e adiamentos e muito menos impactante. Minha experiência inicial é a prova de que às vezes você tem que seguir seus instintos mais do que qualquer outra coisa, mesmo se eles o deixarem perdido.

Carregando aquele erro comigo, trabalhei em novas ideias e nunca olhei para trás.

Hoje, sou o fundador e CEO da WOODCHUCK USA, uma fabricante de produtos de madeira customizados, multimilionária e guiada por tecnologia. Por ter levado adiante minha ideia, centenas de pessoas ao redor do mundo hoje têm empregos de período integral bem remunerados. Nosso lema — "COMPRE UM. PLANTE UMA.®" — é uma causa muito querida e cara ao meu coração, e vem servindo de inspiração para o plantio de milhões de árvores em seis continentes e causando impacto positivo global em todos os sete. O que começou como uma ideia que parecia pequena e relativamente insignificante — desenvolver capas de madeira para iPhones —, realmente transformou o mundo.

Você pode achar que suas ideias são muito pequenas para causarem impacto, mas, com base na minha própria experiência, garanto que não é o caso. Se seguir apenas uma parte dos princípios detalhados neste livro, descobrirá como sua ideia pode mudar o mundo também.

Pergunte a si mesmo: "Em que tipo de mundo viveríamos se *todos nós* puséssemos nossas melhores ideias em prática?". Garanto que a soma das partes seria muito maior do que as peças individuais. Se todo mundo inovasse e assumisse riscos com novas ideias, poderíamos fazer deste planeta um lugar fantástico para se viver. Nós poderíamos salvar florestas tropicais inteiras, descobrir novos medicamentos contra o câncer, acabar com a fome mundial e talvez até jogar badminton melhor, entre outras coisas. O potencial do espírito humano é vasto e poderoso, mas você tem que dar o primeiro passo.

Começar e gerenciar um negócio não é fácil, mas se um garoto da zona rural de Wisconsin, sem dinheiro e sem experiência em negócios, pôde fazer isso, você também pode. Tive a ideia de transformar um pedaço de madeira preso a um recorte de papelão embrulhado com plástico filme em um protótipo de capa para iPhone. Uma ideia simples que deu origem a uma empresa multimilionária com consciência social.

Eu também nunca tinha imaginado que escreveria um livro. Se você perguntasse a amigos que cresceram comigo se um dia eu seria o autor de um livro, eles provavelmente teriam dito: "O Ben? Tá de brincadeira? Ele mal *lê* livros, e provavelmente não sabe como escrever direito um monte de palavras. Além disso, fala muito palavrão".

Agora, estou feliz por surpreendê-los. Isso ilustra ainda mais o meu argumento de que todos nós somos capazes de fazer coisas que erroneamente acreditamos estarem além da nossa capacidade. Nunca acreditei em limitações. Que as limitações se fodam! Você pode não achar que seja capaz de começar um negócio que vai mudar o mundo, mas a verdade é que você é.

Este não é um livro de negócios igual a tantos outros. Ele não é mais um guia passo a passo para blá-blá-blá. Pelo contrário, você encontrará aqui muitas lições valiosas sobre a importância da paixão, do senso de propósito, da lealdade e do empoderamento. Esses aspectos intangíveis têm sido a chave para o meu sucesso, e podem sê-lo para o seu também.

Também o levarei comigo a alguns dos lugares mais incríveis em que já estive. Tenho apenas 29 anos, mas já visitei alguns dos lugares mais impressionantes que o nosso planeta tem a oferecer. Por exemplo, viajei pelas areias banhadas pelo sol no deserto da Arábia Saudita, banhei-me em cachoeiras remotas em Bali e testemunhei a presença majestosa de algumas das mais incríveis geleiras na Antártida.

Você também vai ler sobre algumas situações loucas que passaram pelo meu caminho ao longo desse tempo. Fui processado muitas vezes, o que é demais! Pode soar estranho, mas vou explicar depois. Quase perdi minha mão em uma briga de trânsito em Madagascar e definitivamente escapei por pouco da morte em certos momentos.

No capítulo 1, você vai ler sobre uma das mais importantes lições que aprendi nos negócios e na vida, que é o comprometimento. Se eu não tivesse me comprometido, enquanto praticava motocross com meu amigo no Gorman Canyon, na Califórnia, não só a WOODCHUCK USA, centenas de empregos e milhões de árvores no mundo não existiriam, mas eu também estaria morto.

Felizmente, assumi aquele compromisso e agora estou aqui para contar sobre ele, em uníssono a este importante aviso: o mundo precisa de alguém foda como você!

Capítulo 1

PARE DE PENSAR, COMECE A FAZER E SE COMPROMETA COM SUA IDEIA

A única jornada impossível é aquela que você nunca começa.

— **TONY ROBBINS**
(Palestrante motivacional e autor americano)

O que acontece se você tem uma ideia revolucionária para criar algo excepcional, mas nunca a põe em prática?

Absolutamente nada.

Você irá para o túmulo levando consigo uma ideia que poderia ter impactado a humanidade positivamente, mas, em vez disso, ela jazerá em seu cérebro em deterioração, servindo de comida pra vermes pelos anos que seguirão.

Nunca se esqueça de que nada nos negócios ou na vida é perfeito. Você pode projetar um produto até não poder mais, assegurar patentes que levam anos para se materializar e pesquisar tudo até o talo, mas nada vai acontecer se você não parar de pensar e começar a agir.

Lutar pela perfeição pode soar como uma causa nobre e relevante para empreendedores iniciantes, mas ficar obcecado por uma ideia e nunca transformá-la em realidade pode fazer de você algo bem diferente: um *querempreendedor*. Nunca cheguei a ser um, mas minha ideia levou um tempo pra se manifestar.

FRANKEN-CAPAS POR DINHEIRO PARA CERVEJA

Durante a faculdade, trabalhei em três empregos para bancar meu curso. Um deles foi no estúdio de uma empresa de arquitetura chamada Cunningham Group, onde usava um cortador a laser para montar modelos de madeira. Era um esquema perfeito, pois foi o único emprego que consegui encontrar que me deixava aparecer depois do treino de líderes de torcida e me pagavam para trabalhar até as 3 da manhã.

Um dia, antes do trabalho, levei um tombo patinando e quebrei o meu iPhone. Por sorte, ele ainda continuou funcionando, mas a tela ficou destruída, então eu tinha que aguentar os pedaços de vidro entrando na minha cara toda vez que usava o telefone, o que me deu uma ideia quando cheguei para trabalhar naquela noite. Enquanto cortava algumas chapas de madeira no estúdio, pensei: "Dá pra cortar uma dessas coisas num formato que caiba na parte de trás do meu celular".

A inspiração se transformou em motivação e rapidamente comecei a trabalhar, cortando um fundo para o telefone feito de mogno — chapa de madeira de verdade — e embrulhado em plástico filme. Isso protegeu o celular de mais danos e evitou que o vidro continuasse a pinicar a minha cara, o que resultava em sangramentos desnecessários. Sendo sincero, parecia o pior dos projetos de arte feitos por alunos da terceira série, um completo Frankenstein das capas para smartphone, mas, estranhamente, as pessoas achavam que tinha ficado bem legal.

Quando levei meu protetor de iPhone, que mais parecia uma Franken-capa, para o treino de líderes de torcida no dia seguinte, alguns de meus amigos o viram e disseram: "Cara, essa coisa é incrível! Podemos comprar um igual? Pagamos vinte paus" — que era o suficiente pra comprar uma caixa de cerveja.

Pensei comigo mesmo: "Gastei, tipo, um centavo pra fazer esta coisa, então eu seria um idiota se não aceitasse. Afinal, dinheiro pra cerveja é melhor que nenhum dinheiro, especialmente pra um estudante de faculdade que mal consegue pagar o almoço".

Você provavelmente está pensando: "Então foi aí que você teve seu momento eureca? Foi aí que tudo se encaixou, sua ideia para um negócio multimilionário? De repente, foi de um estudante de arquitetura bebedor de cerveja para um empreendedor visionário, certo?".

Não exatamente. Na verdade, fiz cerca de quinze dessas Franken-capas para meus amigos sem nem pensar em levar a ideia adiante. Uma observação à parte é que ainda tenho uma dessas capas originais.

CONHEÇA O SEU *PORQUÊ*

Meu dispositivo provisório finalmente se transformou em uma visão clara de algo muito maior e mais impactante cerca de quatro a cinco meses depois, quando meu amigo Kevin e eu assistimos a uma TED Talk feita pelo lendário palestrante motivacional Simon Sinek.

Kevin Groenjes era e ainda é o meu melhor amigo na vida. Nós fomos apresentados por um conhecido em comum cerca de um ano antes de eu fazer minha primeira Franken-capa em troca de dinheiro para cerveja. Instantaneamente, nós nos demos bem e ficamos próximos desde então.

Cerca de dois meses e meio depois de assumir o compromisso de começar meu negócio, pedi ao Kevin que fosse meu braço direito, porque sempre tivemos uma boa energia juntos. Isso era incrivelmente valioso, pois precisava de alguém com a mesma determinação para construir a base do negócio. Eu sabia nós entraríamos em modo animal juntos, trabalharíamos a noite toda e partiríamos para a ação.

Assistimos àquela TED Talk no sofá da sala de minha casa alugada, no sul de Minneapolis. O sofá era um daqueles móveis velhos e detonados que você pode encontrar jogado na calçada com uma placa gigante escrito "GRÁTIS" pregada nele. Contudo, era incrivelmente confortável e serviu muito bem de peça central do nosso escritório/sala de estar pelos primeiros meses do negócio.

Nem Kevin nem eu sabíamos qualquer coisa sobre negócios, mas conectamos meu laptop na televisão uma noite dessas e assistimos à palestra incrivelmente impactante e motivadora do Sinek. Ele disse que as pessoas não compram *aquilo* que você faz, mas pelo *porquê* você o faz. Ele aconselha homens de negócios e empreendedores a se perguntar o *porquê* de quererem começar um negócio ou o *porquê* de estarem naquele negócio.

O argumento de Sinek é de que não é suficiente apenas querer ganhar um monte de dinheiro. Há muita turbulência ao se começar e ao se gerenciar um negócio, e a motivação do dinheiro não é suficiente para fazer com que você queira seguir com ele. Sinek sugere que a chave para sobreviver à montanha-russa que é ser um empresário é saber o *porquê*.

Esse conceito fez muito sentido para Kevin e para mim, e nos deixou de boca aberta. Ele inspirou uma conversa entre nós quase imediatamente, porque compartilhávamos de alguns interesses em comum, como ambientalismo e geração de empregos. Pouco depois de termos assistido à TED Talk e falado sobre a revelação de Sinek, descobrimos o nosso *porquê*: queríamos trazer a natureza de volta à vida das pessoas, criar empregos nos Estados Unidos e desenvolver produtos americanos de alta qualidade.

Note que o nosso *porquê* não incluía nada sobre quanto dinheiro queríamos ganhar nem mencionava especificamente capas de madeira para smartphones.

Ganhar dinheiro é legal porque você precisa de dinheiro pra viver, mas se eu e Kevin tivéssemos iniciado um negócio exclusivamente para ganhar dinheiro, poderíamos ter sido arquitetos, *personal trainers*, escritores ou qualquer outra coisa. Kevin estava se formando em cinesiologia e poderia ganhar um bom dinheiro como terapeuta ou *personal trainer*. Eu estava me formando em arquitetura e poderia ganhar muito bem projetando e construindo prédios.

Nós tínhamos algum apreço especial por capas para smartphones? Não — e alguém tem? Mas estávamos completamente apaixonados pelo nosso *porquê*. Natureza, empregos e a satisfação de criar um produto de alta qualidade eram aspectos que nos deixavam entusiasmados. Isso era o que realmente importava. Quando detectamos esses fatores motivacionais em comum, não tivemos de esperar nem mais um minuto. Já estávamos prontos para parar de pensar, começar a fazer e a nos comprometer com nossa ideia.

Lição essencial nº 1: *Você pode ganhar dinheiro fazendo quase qualquer coisa na vida, mas, ao identificar o seu porquê, poderá ganhar dinheiro, se sentir realizado e criar considerável impacto positivo para si e para todos à sua volta.*

DENTRO E FORA DO ALVO

Cerca de seis meses depois de termos assistido àquela TED Talk poderosa, Kevin e eu sondamos lojas de departamentos quanto a nosso *porquê*. Nós não chegamos simplesmente anunciando: "Ei, todos vocês, vejam nossas capas de madeira para smartphone! Não são incríveis? Quantas vocês querem comprar hoje?".

Nosso tom foi mais como: "Olhem, nós estamos incrivelmente apaixonados pelo que queremos fazer. Queremos trazer a natureza para a vida das pessoas, criar empregos nos Estados Unidos e desenvolver produtos americanos de alta qualidade. E adoraríamos fazer uma parceria com vocês para que essas coisas possam acontecer".

No fim das contas, essa abordagem possibilitou que puséssemos nossas capas de madeira para iPads à venda em mais de 1.800 lojas de departamento. Infelizmente, não nos preocupamos em ler com a devida atenção as letras miúdas dos contratos que assinamos. Se tivéssemos feito isso, teríamos percebido que os produtos eram oferecidos às lojas em consignação, o que era uma péssima ideia. Consignação significa que, se os produtos não forem vendidos (e eles não foram), teríamos que aceitá-los de volta sem receber nada por isso.

Sendo assim, nós recebemos uma pequena soma em dinheiro adiantada, mas não recebemos nada pelos produtos que não foram vendidos, ou seja, quase tudo. O maior problema era que havíamos gastado todo o dinheiro emprestado por nossas famílias e amigos em embalagens sofisticadas para complementar o produto, o que era uma ideia atraente. Porém, como não vendeu, significava que não tínhamos dinheiro para pagar ninguém de volta. Considerando tudo, tínhamos uma dívida de 500 mil dólares.

Se nosso *porquê* tivesse a ver apenas com ganhar dinheiro, teríamos pisado nos freios da operação e fechado as portas naquele momento. Mas ainda acreditávamos nele fortemente e aprendemos algumas coisas também. Uma das lições foi: vender capas de madeira para smartphones em estabelecimentos de varejo não era a forma de fazer o negócio dar certo.

O ponto principal é que nós ainda estávamos comprometidos com a nossa ideia, e essa é uma grande lição que aprendi na vida e nos negócios. Você deve se comprometer, porque a indecisão pode ter consequências desastrosas. Tome como exemplo a viagem que fiz para praticar motocross com um amigo no Gorman Canyon, norte da Califórnia.

COMPROMETA-SE OU MORRA

Sou um grande fã de motocicletas, por isso, quando Ian, um amigo de um de meus grupos de empreendedorismo, me convidou para praticar motocross com ele no Gorman Canyon, não desperdicei a oportunidade. O Gorman Canyon é um lugar lindo no território montanhoso do norte da Califórnia. Imaginei que seria uma experiência intensa praticar motocross por lá, e nunca estive tão certo sobre alguma coisa na minha vida.

Eu tinha certeza de que seria capaz de acompanhá-lo, então fomos. O tempo estava perfeito quando chegamos e fiquei deslumbrado com a vista dos arredores, uma das regiões mais pitorescas que eu já vira. Depois que percorremos a área, Ian parou e disse: "Tá vendo aquela montanha ali na frente? Vamos subir aquela filha da mãe mais tarde".

De imediato, respondi: "Ian, de jeito nenhum vou subir aquela monstruosidade. Foda-se".

De início, Ian não deu bola para a minha resistência e continuou seguindo em direção à montanha. Levou um tempo para chegarmos lá, mas, quanto mais seguíamos, mais confortável eu ficava. Eu não praticava motocross seriamente havia alguns anos, então estava um pouco enferrujado quando chegamos. Mas, assim que alcançamos a base da montanha, eu estava me sentindo muito confiante quanto à minha habilidade no motocross novamente, então disse: "Certo, estou pronto. Vamos nessa".

"Demais, cara. Você vai adorar! Só uma coisa", Ian disse de maneira preocupantemente calma. "Tem uma curva louca lá. Se não se comprometer a se manter focado nessa volta, você vai cair da porra de um penhasco e morrer. Entendeu?".

Eu o encarei por alguns segundos, sem saber o que responder. Ele finalizou sua estranha fala motivacional ignorando a expressão perplexa em minha face e dizendo, como quem não quer nada: "Beleza, vamos nessa!". Aí, ele seguiu em frente, esperando simplesmente que eu fosse com ele.

Depois de pausar durante quinze ou vinte segundos para compreender com exatidão o que estava para fazer, decidi que era agora ou nunca e pisei no acelerador a fim de alcançar meu amigo.

Quando começamos a subir a montanha, Ian acelerou por cerca de 18 metros à minha frente. Minutos depois, sua moto pareceu sumir completamente do caminho, deixando nada além de um pequeno rastro de poeira para trás.

Segui por outros 18 metros mais ou menos quando uma curva louca de noventa graus apareceu do nada, e imediatamente à minha frente estava uma queda de centenas de metros. Não era uma elevação da qual, se eu caísse, ficaria com alguns machucados ou talvez um braço ou uma perna quebrados, mas o tipo de queda em que meu corpo teria literalmente se desintegrado com o impacto, tipo o Coiote naqueles desenhos antigos do Papa-Léguas, em que ele escorrega numa casca de banana, cai de um penhasco e tudo que se vê é a nuvenzinha de poeira surgindo lá de baixo (*Bip! Bip!*).

Felizmente, continuei a ouvir a voz do Ian ecoando na minha cabeça: "Comprometa-se, comprometa-se, comprometa-se". Em um instante, apertei os olhos e dobrei a curva à direita o mais firmemente que pude. Ao mesmo tempo, a voz de Ian foi substituída por minha própria: "Ben, seu idiota, você vai morrer agora!".

Quando abri os olhos, não tinha certeza se estava morto, se caía livremente os 3 mil metros do penhasco e estava prestes a morrer ou se estava sonhando e logo encontraria o Espantalho, o Homem de Lata e o Leão Covarde. Mais duzentos ou trezentos metros adiante na trilha, finalmente percebi: "Puta merda! Consegui! Estou vivo!".

Ian e eu seguimos por mais uns oitocentos metros antes de parar para nos recompor. Eu disse: "Não acredito que fizemos aquilo. Eu tinha certeza de que ia morrer".

"Eu sabia que você faria o que tinha que fazer, mas o que aprendeu com isso?", Ian me perguntou.

Respondi a ele: "Aprendi a me comprometer totalmente; é a única opção".

Que experiência foi aquela! Foi uma daquelas situações que você não pode verdadeiramente entender a menos que a tenha realmente vivido. Mas quero aproveitar a oportunidade para enfatizar quão valiosa foi para mim aquela lição sobre comprometimento. Ela foi reproduzida muitas vezes em minha vida desde então. Sou imensamente grato por essa experiência no Gorman Canyon porque, daquele momento em diante, decidi que ou faço algo com toda a minha força ou não faço. Para mim, é tudo ou nada, comprometer-me ou morrer.

Lição essencial nº 2: *Independentemente de se tratar de relações pessoais, de negócios ou financeiras, você precisa se comprometer. Você não pode fazer as coisas pela metade e esperar resultados positivos. Nunca. Você precisa dar 100% ou nada.*

Capítulo 2

TRANSFORMANDO FRACASSO EM OPORTUNIDADE

O sucesso não é definitivo, o fracasso não é fatal: é a coragem para continuar que conta.
— **WINSTON CHURCHILL**
(Primeiro-ministro do Reino Unido em 1940-1945 e 1951-1955)

Se aquele negócio inicial com as lojas de departamento tivesse funcionado, nós não teríamos feito o acordo seguinte, que resultou em um relacionamento duradouro do qual a WOODCHUCK faz parte até hoje.

Kevin e eu estávamos pensando no que fazer com as quase 60 mil capas de iPad que tivemos que aceitar de volta quando um cara da Red Bull chamado Matt (que depois se tornou um grande amigo meu) nos telefonou e perguntou: "Ei, estou ligando para falar sobre as capas de madeira para smartphone que vocês fazem. É possível gravar logos e nomes nessas coisas? Quero oferecê-las a 17 atletas com quem nós trabalhamos. Pago o preço cheio, mas preciso delas na Califórnia até amanhã. Dá pra fazer?".

Até hoje, não tenho ideia de onde Matt viu o nosso produto, mas estávamos desesperados para desovar até mesmo duas daquelas coisas, então eu disse: "Porra, claro que podemos fazer isso". Eu teria entrado no carro imediatamente e dirigido até lá pra entregá-las pessoalmente se fosse preciso.

Dezessete itens vendidos não fariam muita diferença em nossa dívida de 500 mil dólares, mas um novo canal de negócios talvez fizesse, e foi isso que percebemos. Quem sabe outras pessoas também não pagariam para customizar nossos produtos com suas marcas? Se elas pagassem o preço cheio, seria muito melhor do que a Target (loja de departamentos), que nos repassava só 30% do valor por vendê-las em suas lojas. Além disso, não teríamos que nos preocupar com devoluções, pelo motivo que fosse. Parecia que estávamos nos aproximando de algo grande.

No dia seguinte, aparecemos na matriz americana da Red Bull com 17 capas de madeira para smartphone customizadas. Quando Matt as viu, disse: "Cara, ficaram incríveis! Nossos atletas vão amar ter seus nomes gravados nas capas. Ótimo trabalho!".

Então, ele levou a conversa um pouco além. Ele disse: "Querem saber? Trabalho na área de marketing e tudo é em cima da hora pra mim. Temos um evento na semana que vem, e se vocês quiserem me trazer mais dessas coisas, compro. Na verdade, sempre tenho um ou dois eventos acontecendo, e poderia usar coisas como essas. Talvez possamos firmar uma parceria para um monte de coisa. O que acham?".

Naquela época, Kevin e eu éramos tão pobres que quase todos os dias dividíamos o mesmo sanduíche no almoço. Por isso, enquanto Matt falava, ambos estávamos mais preocupados em comer toda aquela comida de graça que havia no escritório dele. Mas, quando ouvimos as palavras *comprar mais*, paramos de nos empanturrar e começamos a prestar atenção. "Sim, senhor! Nós podemos fazer isso", dissemos, com as bocas cheias de queijo e bolachas.

Nossa dedicação ao nosso *porquê* compensou muito. Se estivéssemos focados apenas no aspecto financeiro do negócio, talvez tivéssemos dito ao Matt: "São 17 capas, cara. Temos 60 mil delas prontas para serem incineradas em um aterro qualquer. Obrigado, só que não". Mas não fizemos isso. Nós ainda tínhamos aquela motivação de trazer a natureza de volta à vida das pessoas, de criar empregos e desenvolver produtos americanos de qualidade.

Ainda que aquele pedido inicial tenha sido pequeno, abraçamos a oportunidade e hoje a Red Bull é uma parceria que nos rende milhões de dólares por ano. Nosso acordo com eles garante margens de lucro cerca de 200% superiores às que teríamos em qualquer parceria com o varejo. Boa decisão não termos torcido nossos narizes para aquelas 17 capas que não eram quase nada para nós.

ENCONTRANDO UM ESPAÇO PARA O ESCRITÓRIO

Coincidentemente, outra oportunidade nasceu do que

poderia ter sido erroneamente percebido como mais um fracasso com as lojas grandes.

Enquanto trabalhávamos para a WOODCHUCK decolar e tentávamos achar outras oportunidades similares ao nosso relacionamento com a Red Bull, concluímos que precisávamos de um espaço para servir como um escritório de verdade. Até aquele momento, ocupávamos espaços que estivessem vagos nos escritórios de outras pessoas, e obviamente essa não era uma solução viável a longo prazo.

Nossa busca por um lugar para chamar de lar abriu os nossos olhos para um grande problema enfrentado por *start-ups* e empreendedores. Os locatários exigem dois ou três meses de aluguel adiantado e pedem para examinar os dois últimos anos de resultados financeiros para comprovar a lucratividade. Nós pensamos: "Que porra é essa? A maioria das *start-ups* não existe nem há um ano, quanto mais dois — ainda mais com lucratividade pra mostrar. Como é possível para qualquer pessoa conseguir alugar um espaço decente?".

Mais uma vez, estávamos comprometidos com nosso *porquê*. Em vez de baixar a cabeça e desistir, chateados, interpretamos o desafio como mais uma oportunidade de fazer algo positivo.

Sabíamos que havia centenas de outros negócios na mesma situação em que estávamos, de precisar de um espaço. Eles também não tinham dinheiro e não estavam consolidados há tempo suficiente para mostrar dois anos de resultados financeiros. Imaginei que, se fizesse uma parceria com alguém para construir um espaço de *coworking*, poderia alugá-lo para algumas das *start-ups* mais inovadoras e criativas da área. Isso não apenas geraria um bom dinheiro para nós, mas também ofereceria à grande comunidade empreendedora uma solução para uma necessidade crítica.

Após determinados obstáculos pelo caminho, apresentei minha ideia de um espaço de *coworking* a alguns de meus parceiros de negócios. Disse a eles: "Sei de 20 ou 30 *start-ups* que precisam de espaço imediatamente, mas não podem arcar com o custo absurdo do aluguel de um prédio de escritórios. Obviamente, não tenho dinheiro para comprar um imóvel eu mesmo, mas se vocês se tornarem meus sócios nessa iniciativa, tenho certeza de que posso trazê-las comigo".

Eles responderam: "Há um imóvel à venda no fim da rua, com cerca de 6.500 metros quadrados. Se nós o comprarmos e reformarmos, você pode cuidar do trabalho de projeto e arquitetura, além dos aluguéis? Afinal, nós também não queremos pagar um corretor imobiliário".

"Feito, feito e feito", eu disse a eles.

Sendo assim, ficamos sócios nesse espaço para *coworking*, que em três meses já estava 100% lotado. A cereja no bolo foi fecharmos três vezes mais aluguéis do que havíamos estimado inicialmente.

Desde então, aquele espaço se transformou em um complexo muito maior, uma instalação de 18 mil metros quadrados cuja capacidade esperamos esgotar também. Quando tudo ficar pronto, mais de mil trabalhadores terão o escritório de que precisam para inovar e criar o próximo grande produto ou serviço. Pra mim, essa é a melhor parte do negócio. Ajudo a viabilizar essas *start-ups* e esses negócios, que têm grandes ideias, modelos de negócio inovadores e planos para mudar o mundo. Assim, participo de seu sucesso, e esse é um sentimento altamente gratificante pra mim.

Agora, você me diz: com que se parece aquela situação inicial com as grandes lojas? E a dívida de 500 mil dólares? Parecem o fim da estrada? Um fracasso total? Ou se parecem mais como oportunidades? Mantenha o rumo do seu negócio alinhado com o seu *porquê*, pois você nunca sabe o que acontecerá em seguida.

Lição essencial nº 3: As oportunidades estão quase sempre escondidas e é preciso realmente olhar fundo para encontrá-las. Quando isso acontecer e você puder enxergar os desafios ou as dificuldades como uma oportunidade, as recompensas serão tremendas.

O que fazer quando a vida ou os negócios esmurrarem a sua cara com um poderoso gancho de direita? Deitar-se no chão, encolhido em posição fetal, deixando que os transeuntes se revezem enquanto chutam você na sarjeta? Ou se levantar, não importa a dor que esteja sentindo, para mudar as coisas?

Não existe benefício em não fazer nada. Esta é a única vida que você tem, então é melhor que a aproveite ao máximo. Quando a vida nos dá uma porrada na cara, é hora de usar a bolsa de gelo e seguir em frente. O mundo precisa que você faça isso.

Capítulo 3

A MENTALIDADE FORMADORA

Ser processado por sua própria gravadora; isso é ainda melhor do que ganhar um Grammy.

— **NEIL YOUNG**
(Vencedor do Grammy/réu orgulhoso de um processo)

Antes que encontrássemos uma solução mais permanente para nossa necessidade de um escritório, alugamos um espaço pertencente a uma grande gráfica de Minnesota. A dona da gráfica era uma mulher de negócios muito bem-sucedida chamada Trish, que descobriu nossa empresa por meio de um amigo em comum.

IRMÃ PERVERSA

Um dia, Trish pediu para se encontrar comigo e com Kevin. Ela disse que amava nossa energia e o que estávamos tentando fazer pelo meio ambiente. Em seu escritório, ela nos disse: "Cara, sei como é duro começar. A esta altura da minha carreira, eu gostaria de ajudar pessoas com grandes ideias a se lançar no mundo dos negócios. Então, é isso que vou fazer. Por que não se mudam para o meu escritório na gráfica? Vocês podem se estabelecer por lá até que comecem a ganhar dinheiro. Enquanto isso, eu os ajudarei a se orientar no mercado, e veremos se podemos gerar algum impacto juntos".

Ela não exigiu que assinássemos quaisquer contratos, o que nos fez sentir que seríamos tolos se não aceitássemos a oferta. Logo em seguida, ficamos bem próximos. Na verdade, cheguei a pensar nela como uma irmã e mentora. Quando as coisas ficavam difíceis, eu sabia que podia ligar para ela, pois receberia bons conselhos sobre os negócios ou a vida.

Depois de um certo tempo, Trish nos entregou um cartão da American Express e disse: "Peguem, não tem limite. Vão para a rua e pensem em ações de marketing sérias que possam fazer com ele. Contratem outdoors, aluguem um bom apartamento pra morar e levem seus produtos para as lojas. Sejam sofisticados. Não economizem em nada, porque vocês precisam manter uma imagem sofisticada".

"Claro. Mas há um problema", eu disse, "nós não temos dinheiro pra te pagar de volta".

Trish nos olhou de uma maneira quase incrédula e disse: "Não, não, não. Estou pagando. Vamos nos importar com o resto depois. Apenas trabalhem muito duro agora e concentrem-se em fazer esta marca explodir".

Não muito depois daquilo, eu e Kevin estávamos dirigindo pela Califórnia em carros esportivos de luxo, tínhamos alugado um apartamento extravagante em Santa Monica e gastávamos uma fortuna em ações de marketing. Lembro de me perguntar na época: "Porra, esse é o estilo de vida normal de uma pessoa de negócios? Parece um pouco bom demais pra ser verdade". Não demorou muito para receber a minha resposta: não, aquilo não era normal e, sim, era definitivamente bom demais pra ser verdade.

Alguns meses depois da nossa farra de gastos, Trish se encontrou comigo para um almoço. Desta vez, ela não parecia tão solícita, muito menos fraternal. "Seguinte, Ben", ela disse, "preciso que vocês comecem a me pagar de volta todas aquelas coisas que os ajudei a comprar".

O TROCO É REALMENTE UMA DESGRAÇA

Após três ou quatro segundos de um silêncio incrivelmente desconfortável, soltei: "Espera aí. Você disse algo sobre a gente te pagar de volta?".

Com um ar de total seriedade e sem demonstrar um pingo de amizade, ela respondeu: "É, sabe, por todos aqueles outdoors e as outras coisas que vocês compraram". Ela foi mais específica: "Olha, vocês me devem uns dois milhões de dólares".

Eu disse: "Trish, nós não temos nem um dólar, então...".

"Que pena", ela disse. "Vocês me devem muito dinheiro, e se não me pagarem logo, serão contatados pelos meus advogados".

Saí do escritório dela naquele dia sem saber o que fazer em seguida. Do nada, a pessoa que tinha sido nossa maior incentivadora virou as costas pra gente. Cerca de três semanas depois, ela nos expulsou do espaço que usávamos em seu escritório. Na verdade, ela contratou um segurança armado, que ficava de guarda na frente do prédio e tinha ordens específicas de manter a mim e ao Kevin afastados. Claro, aquilo não teria sido tão ruim se não fosse pelo fato de que... todos os nossos equipamentos ainda estavam lá. O pior de tudo foi o processo de 1,5 milhão de dólares que recebemos semanas depois.

PARABÉNS, VOCÊ FOI PROCESSADO!

Quando eu era criança, achava que qualquer indivíduo que tivesse sido processado era um fora da lei, alguém terrível. Essas pessoas normalmente iam para a cadeia, eu pensava. Talvez até acabassem mortas por injeção letal. Ok, talvez nunca tenha achado isso, mas definitivamente pensava que a vida das pessoas acabava quando elas eram processadas.

Eu não sabia para onde ir naquele momento, estava me sentindo extremamente depressivo. Mais uma vez, entretanto, me mantive fiel ao meu *porquê*. Eu não ia desistir, então liguei para meu mentor, Ken Rutkowski. Ele, aliás, me orienta até hoje. Se alguém podia me ajudar, esse alguém era o Ken.

Minha conversa com ele foi tão memorável que me lembro exatamente de onde eu estava quando nos falamos: na frente de uma loja de bebidas, nos arredores de Hermosa Beach. Minha cabeça estava apoiada em um poste enferrujado e eu ficava pensando em como estava completamente fodido.

Quando ele atendeu o telefone, eu disse: "Ken, estou totalmente fodido! Estou sendo processado em 1,5 milhão de dólares. Não serei capaz de pagar isso nem em cem vidas".

"Ben, você está falando sério?", Ken perguntou.

"Sim, totalmente sério."

"Bom, então, parabéns!", ele disse.

Àquela altura, me perguntei se Ken estava sob o efeito de alguma substância psicotrópica esquisita ou se tinha acabado de voltar do Burning Man. Mas não era nada disso, é claro. Ken é muito inteligente para fazer qualquer coisa do tipo. Perguntei a ele: "Ken, está me ouvindo direito? Porque acabei de dizer que estou sendo processado em 1,5 milhão de dólares e você me desejou uma merda de parabéns".

"Ben, sim... Parabéns! Posso ouvi-lo bem e é uma ótima notícia, porque significa que você conseguiu! Chegou ao próximo estágio", ele disse. "Você não sabe que a maioria dos bilionários tem cerca de 15 processos judiciais diferentes correndo contra si ao mesmo tempo? Se não acabar processado em algum momento, você não está se esforçando".

Pensei sobre o que ele estava tentando me dizer e falei: "Quer saber? Acho que realmente faz muito sentido".

Exatamente naquele momento, uma mudança de mentalidade ocorreu. Um desastre financeiro total tinha instantaneamente se transformando em minha chegada oficial à cena empreendedora. Estava sendo processado pela primeira vez, o que não era o fim do mundo. Era fantástico, na verdade!

Quase toda situação depende inteiramente da nossa mentalidade. Você pode encarar os contratempos — como processos milionários — como a morte certa ou como oportunidade. Há um lado positivo em qualquer situação, mas às vezes você tem que olhar bem de perto para encontrá-lo. Se tiver ao seu lado um mentor fantástico como Ken, esse é provavelmente um lugar muito bom para começar a olhar.

Ken me ensinou a sempre olhar para esse lado positivo, mas, mais importante, ele me fez perceber que ainda tinha muito a aprender. Uma de suas lições diz que podemos passar pelo nosso maior crescimento pessoal em momentos de grande dor e agitação emocional. Isso se relaciona a algo que chamo de "mentalidade formadora".

Toda vez que você passa por uma situação dolorosa na vida ou nos negócios, tem a oportunidade de formar sua mentalidade. Na vida, se você se depara com uma questão de relacionamento desafiadora, eis uma oportunidade de aumentar sua tolerância à dor emocional, o que o levará a desenvolver uma maior habilidade de experimentar o amor.

O mesmo vale para o mundo dos negócios. Aquele processo me fez crescer exponencialmente como pessoa e como empreendedor. Aprendi a lidar com a dor de sentir que tinha chegado ao fundo do poço. Meus sonhos de mudar o mundo pareciam ter chegado ao fim, até que Ken mudou minha perspectiva.

Lição essencial nº 4: Em vez de se desmotivar quando confrontado por um desafio particularmente difícil na vida ou nos negócios, você deve treinar o seu cérebro para "elevar" a sua mentalidade atual e promover seu estado futuro. Pergunte a si mesmo: "O que o meu eu futuro gostaria que eu estivesse pensando sobre esta situação específica?". Ou ligue para um mentor e pergunte a ele: "O que você pensaria sobre esta situação específica?".

Haverá um milhão de oportunidades para "elevar a sua mentalidade" mediante a execução da sua ideia. Quanto melhor você fizer isso, mais bem-sucedido será. Um excelente exemplo é a história de vida do meu parceiro Teddy Roosevelt.

FALE SUAVEMENTE, CARREGUE UM GRANDE PORRETE E PLANTE UM MONTE DE ÁRVORES

Talvez ninguém exemplifique melhor a mentalidade formadora do que o 26º presidente dos Estados Unidos e meu ídolo pessoal, Teddy Roosevelt.

Para começar, Roosevelt nasceu com uma asma debilitante. Em vez de se render a tal condição, o que nem seria de se envergonhar, ele confrontou a doença ao abraçar um estilo de vida excessivamente ativo.

Mais tarde, Roosevelt aguentou as mortes quase simultâneas de sua mãe e de sua esposa, que faleceram em um intervalo de onze horas quando ele tinha apenas 26 anos. Para simbolizar o efeito dessa tragédia, Roosevelt desenhou um grande x na página do seu diário no dia em que isso aconteceu, seguido de palavras solenes e de cortar o coração: "A luz se apagou em minha vida".

Porém, em vez de se entregar a pensamentos recorrentes de desespero e agonia, Roosevelt dedicou sua vida a fazer diferença no mundo. Ele elevou sua mentalidade para atingir coisas que poucos de nós poderiam sequer sonhar em fazer. Apenas dois anos depois das mortes prematuras de sua mãe e de sua esposa, Roosevelt se tornou um membro da Assembleia do Estado de Nova York e assumiu o desafio específico de combater a corrupção corporativa.

Depois de servir como secretário-adjunto da Marinha e como governador do Estado de Nova York, Roosevelt ganhou a eleição de 1901 e se tornou presidente. Foi reeleito na eleição seguinte e ainda é considerado um dos presidentes mais bem-sucedidos da história dos Estados Unidos.

Talvez ainda mais impressionantes do que todos os cargos que exerceu sejam as conquistas de Roosevelt como ambientalista. Ele estabeleceu o Serviço Florestal dos Estados Unidos, fundou cinco parques nacionais, preservou 150 milhões de acres de terra e é reconhecido por ter plantado mais de 3 bilhões de árvores!

Pare por um momento para pensar sobre essas conquistas. Pense seriamente sobre como a vida de Roosevelt impactou cada cidadão americano desde então. Se não tivesse dado aquele primeiro passo para elevar sua mentalidade, se não tivesse seguido em frente após as perdas devastadoras que sofreu e se dedicado ao país que amava e ao planeta que queria proteger, nós não teríamos todos esses grandes pedaços de terra preservados para aproveitar.

Quantas pessoas já visitaram as reservas nacionais pelas quais Roosevelt foi responsável?

Quantas pessoas conseguiram emprego no Serviço Florestal dos Estados Unidos ou em um dos parques nacionais que ele criou?

Quantas pessoas respiraram o ar puro produzido pelos mais de 3 bilhões de árvores que ele plantou?

Finalmente, o que seria dos Estados Unidos se esse indivíduo não tivesse se esforçado para formar, superar e conquistar tanto?

Lembre-se: o mundo precisa de alguém foda como você!

Capítulo 4

FAÇA MUITAS PERGUNTAS

A arte e a ciência de fazer perguntas são a fonte de todo o conhecimento.
— **PETER BERGER**
(Sociólogo austro-americano)

Faça muitas perguntas porque fazê-las é vital para o seu sucesso como empreendedor. Aceite o fato de que outras pessoas sabem mais sobre algumas coisas do que você. Ninguém nasce com vasto conhecimento sobre tudo, então, em vez de fazer cara de quem tem expertise em todas as áreas, desenvolva uma sede de conhecimento e a sacie com um fluxo constante de perguntas.

DEBAIXO DE UMA ASA DE DOIS METROS

Aprendi quase tudo que precisava saber sobre vendas há muitos anos, com um vendedor talentoso chamado Ron Holm. Ron era mórmon e tinha uma aparência bem imponente: dois metros de altura, cabelo branco aparado à máquina, óculos de armação preta e uma voz de barítono marcante.

Kevin e eu o encontramos pela primeira vez quando ele trabalhava em uma empresa que empregava pessoas portadoras de deficiência para montar os produtos. Ele nos contatou com a ideia de fazer aquela empresa montar algumas das nossas capas para smartphone.

Ron sempre começava suas conversas conosco com um estrondoso "Cavalheiros!", em uma voz que parecia vir do filho ilegítimo de Morgan Freeman com o cara do comercial da corretora de seguros Allstate. Ele então fazia uma pausa dramática de dez segundos e, quando começava a falar novamente, eu já estava tremendo de expectativa, imaginando que porra ele diria a seguir. Podia ser qualquer coisa. Depois do suspense causado por aquela pausa, parecia natural seguir-se algo como: "Terei que esmagar seus frágeis crânios com minhas gigantescas mãos masculinas".

Mas o que Ron tinha a dizer era normalmente bem amigável e animador. Também não importava que ele fosse tão intimidador quanto um tiranossauro — física e "acusticamente" —, pois teria sido um vendedor sensacional independentemente disso, pois não se valia de nenhuma tática barata de intimidação para concluir suas vendas. Ao contrário, ele usava uma abordagem honesta, curiosa e inerentemente decente em suas vendas. Ron era um cara legal — quase legal demais.

Depois de trabalharmos juntos por um tempo, ele nos chamou de lado e disse: "Cavalheiros", pausa dramática de dez segundos, "escrevi o prefácio de um livro que poderia ensinar a vocês dois muita coisa sobre vendas. Se estiverem interessados, eu lhes darei uma cópia e ensinarei de graça tudo que precisam saber".

Por um lado, Ron estava fazendo isso por causa da bondade em seu grande coração, porque acreditava em nosso negócio, respeitava nossa missão e queria ver nosso sucesso. Porém, nós também descobrimos uma razão diferente muito tempo depois.

MOTIVOS OCULTOS

Três ou quatro meses depois que Ron começou a nos orientar quanto ao universo das vendas, ele nos convidou para um evento em que ele falaria. Nós sempre pensamos em Ron como um cara certinho, então aceitamos o convite. Imaginamos que seria uma conferência de vendas ou algo similar.

Atrasados como sempre, eu e Kevin chegamos ao endereço que Ron havia informado. Estacionamos o carro e olhamos em volta, mas o único imóvel na área era uma igreja. "Lugar estranho para uma apresentação de vendas", eu disse. Kevin concordou, com uma risada dissimulada.

Finalmente, saímos do carro e caminhamos até a entrada do local, onde pensávamos que encontraríamos Ron. Estava lotado de gente. Qual fosse o evento, deveria ser muito importante para atrair aquele público tão grande.

Começamos a andar pelo corredor e então a congregação inteira virou a cabeça, olhando pra gente como se fosse nosso casamento. Meio que esperei ouvir música de órgão enquanto tentávamos achar assentos livres. Então, vimos Ron na fileira da frente da igreja, acenando com suas mãos de urso para que nos juntássemos a ele, sua esposa e 11 filhos.

Depois de alguns minutos, o pastor apareceu e conduziu a cerimônia de uma hora. Pareceu muito mais tempo, e acho que eu e Kevin cochilamos uma ou duas vezes. Perto do fim do culto, o pastor disse: "Agora, nosso irmão Ron gostaria de dizer algumas palavras e apresentar alguns convidados".

Pensei: "Ok, talvez Ron compartilhe alguma notícia empolgante com a congregação sobre o novo livro de vendas que ele está escrevendo ou sobre o curso dele no centro comunitário". Mesmo assim, eu ainda não sabia muito bem por que ele queria que estivéssemos lá, mas esse era o momento dele, e nós com certeza não queríamos estragar nada, então aplaudimos educadamente.

Ron fez um discurso bem longo sobre a história da Igreja de Jesus Cristo dos Santos dos Últimos Dias. Exatamente quando começava a me perguntar quando ele chegaria ao ponto, ele disse: "Cavalheiros", pausa dramática de dez segundos, como sempre, "eu disse a todos que vocês seriam perfeitos para nossa igreja. Nós gostaríamos de saber se fariam a gentileza de se juntarem à congregação".

Naquele momento, eu e Kevin nos entreolhamos e lentamente balançamos nossas cabeças de um lado para o outro. Ron pareceu um pouco envergonhado, olhou de volta para a congregação e tentou finalizar seu discurso.

Eu me senti mal por Ron naquela hora, porque ele começou a coçar a cabeça e era como se ele achasse que falhou em nos recrutar. Eu estava um pouco triste, mas de jeito nenhum concordaríamos em nos converter imediatamente.

Isso mostra que até mesmo os melhores vendedores têm limitações. Antes que Ron prosseguisse com seu apelo, e envoltos por uma onda de sussurros na multidão, Kevin e eu corremos para a saída o mais rápido que pudemos, entramos no carro e disparamos de lá.

PERGUNTAS DE SENTIMENTO/DESCOBERTA

Eu e Kevin escapamos da conversão à Igreja de Jesus Cristo dos Santos dos Últimos Dias naquela noite. Felizmente, também guardamos todos os ótimos conselhos de vendas que Ron nos deu, incluindo a lição mais valiosa: você nunca deve *tentar* vender alguma coisa. Em vez disso, deve fazer de 20 a 30 perguntas de sentimento/descoberta. Daí, a venda quase se completa sozinha.

Perguntas de sentimento/descoberta são uma forma de obter informação de possíveis clientes para posicionar seu produto ou serviço como solução para problemas mais urgentes. Elas lhe permitem desenvolver um relacionamento amigável com o cliente enquanto vende o produto sem parecer muito insistente.

Vamos dizer que você se encontrou com o responsável pelas compras de uma loja de varejo para vender sua raquete de badminton com novo design. Depois das apresentações e amenidades iniciais, você deve seguir com algumas questões de sentimento/descoberta, como:

- Então, fale um pouco sobre a sua loja.
- Qual é o preço normal de uma raquete de badminton aqui?
- Há algum estilo especial ou cor de raquete de badminton que vende mais?
- Quantas dessas raquetes líderes de venda você normalmente vende em uma semana?
- Há outros produtos que vendem particularmente bem?
- Com que frequência você normalmente compra raquetes de badminton? Uma vez por semana? Uma vez por mês?
- De que outras empresas você compra raquetes, e por que gosta de trabalhar com elas?

Essa técnica permitiu a venda de nossos produtos não apenas para grandes lojas, mas a outros varejistas também. Ela basicamente nos possibilitou começar o negócio e foi o passo mais importante para nos capacitar a vender nossos produtos.

Agora, pare e pense em 10 a 15 perguntas de sentimento/descoberta e as relacione nas linhas a seguir. Enquanto escreve, pense nas informações que você ainda não tem sobre sua ideia. Talvez sejam perguntas sobre o mercado, faixas de preço ou a estrutura econômica global naquele setor. Seja o que for, desenvolva perguntas para fazer a especialistas que poderão lhe oferecer as respostas.

1. _____

2. _____

3. _____

4. _____

5. _____

6. _____

7. _____

8. _____

9. _____

10. _____

11. _____

12. _____

13. _____

14. _____

15. _____

Lição essencial nº 5: *No fim das contas, você deve ser capaz de vender sua ideia. Do contrário, é apenas uma ideia, não um negócio. Você tem que descobrir por que alguém estaria disposto a pagar por ela. Elaborar boas perguntas e questionamentos relevantes o ajudará a obter as informações de que você precisa, de quem quer que seja — e seja quem for —, quando você precisar.*

Quando tiver acabado de fazer suas perguntas de sentimento/descoberta, use as informações que elas fornecerem para vender sua própria raquete. A ideia é escolher as respostas que se adequem melhor ao produto e ajustar sua abordagem de venda a partir dessas respostas.

Por exemplo, se as respostas informarem que as raquetes de badminton azuis de quinze dólares são as que vendem mais, você poderia dizer ao comprador: "Quer saber? Nossa parceria vai funcionar incrivelmente bem, porque nós temos raquetes de badminton azuis que vendemos pelo mesmo preço e as pessoas as amam! Por ora, podemos deixar algumas com você e fazer um acompanhamento para ver como estão vendendo. O que acha?".

Falando seriamente, embora Ron não tenha sido bem-sucedido em sua tentativa de nos converter à sua religião, ele foi tremendamente bem-sucedido em nos converter em homens de negócio com ótimas habilidades de venda. Você pode aprender muitas das mesmas lições que ele nos ensinou ao ler *World Class Selling* (Vendas de Alta Qualidade), de Roy Chitwood. Ron de fato escreveu o prefácio desse livro, que é uma excelente fonte para quem busca informações relacionadas a vendas. Recomendo especialmente a seção sobre "Perguntas de Sentimento/Descoberta".

APRENDA COM O MELHOR

Fazer perguntas de sentimento/descoberta pode ser um ótimo primeiro passo, mas, como se diz, "quanto mais você sabe, mais você sabe", então faça perguntas a qualquer um que possa saber algo que você não sabe. Seja humilde em sua abordagem. Encontre alguém de qualquer setor do mercado ou até um concorrente e diga: "Oi, não sei muito sobre isso, mas gostaria de aprender. Você é certamente o especialista aqui, então tenho algumas dúvidas e adoraria se você pudesse me ajudar um pouco".

Honestamente, fui bem-sucedido em quase todas as vezes que fui humilde e sincero ao pedir ajuda a um empreendedor ou líder de negócio. Pense em perguntas originais, que eles nunca ouviram antes, e eles provavelmente ficarão impressionados com sua curiosidade genuína e seu pensamento inovador.

Percebi pela primeira vez o quanto isso funcionava exatamente quando conheci um dos meus ídolos, um verdadeiro cara de sucesso, Jay Strommen, dono da PD Instore, a empresa que faz todas as estruturas de mostruário das lojas da Apple. Ele foi o primeiro grande empreendedor que tive coragem de abordar — após breve apresentação de um amigo — e com o qual tive uma conversa. Eu tinha me preparado durante três ou quatro dias antes do encontro com ele, e meu objetivo era fazer perguntas que ele provavelmente nunca ouvira antes. Quando finalmente o encontrei, agarrei a oportunidade e fiz perguntas sobre seus negócios, vida pessoal e tudo o mais.

O mais interessante é que Jay ficou realmente intrigado por haver alguém tão fascinado com o que ele fazia em seus negócios e em sua vida pessoal. No geral, foi uma experiência incrivelmente impactante ter falado com ele. Desde então, nunca mais tive receio de contatar grandes figurões do mercado para fazer perguntas que pudessem me ajudar a evoluir.

> ***Lição essencial nº 6:*** *Não tenha medo de fazer perguntas! Encontrar pessoas que possam ajudá-lo a obter conhecimento valioso é a chave para seu crescimento contínuo como empreendedor e como ser humano.*

Capítulo 5

TORNANDO-SE UMA USINA DE FORÇA POR MEIO DO NETWORKING

Você é a média das cinco pessoas com as quais passa a maior parte do tempo.

— JIM ROHN

(Empreendedor, autor e palestrante motivacional americano)

Até agora, mencionei duas conversas impactantes que mantive com duas pessoas incrivelmente especiais: Jay Strommen e Ken Rutkowski. Ambos são caras de sucesso e meus mentores há anos. Minha conversa com Jay significou muito pra mim, pessoal e profissionalmente, porque admiro a forma como ele vive e trabalha. Minha conversa com Ken aconteceu em um momento da minha vida em que tudo parecia perdido, como se meus sonhos estivessem prestes a colapsar. Ele fez mais do que me dar um tapinha nas costas e me dizer para continuar lutando: ele transformou a minha mentalidade. Daquele momento em diante, comecei a ver desafios aparentemente insuperáveis e o medo do fracasso como oportunidade e motivação.

Toda vez que falo com Ken, parece que aprendo algo. Tive a mesma sensação toda vez que falei com outra pessoa muito influente em minha vida, Nanxi Liu, uma empreendedora em série. Quando percebi como era valioso o tempo que passava com eles, decidi fazer um esforço consciente para passar o maior tempo possível.

Eu não tinha exatamente uma grande amizade com nenhum deles no começo, mas sabia que representavam o estilo de vida que eu queria ter. Eu admirava a forma como eles falavam com as pessoas, como gerenciavam seus negócios, como faziam quase tudo. Então, sempre que me sobravam alguns dólares ou encontrava uma passagem aérea barata, voava para a Califórnia para encontrar um deles, ou os dois.. Era a minha forma de networking.

Eu normalmente dormia no sofá de algum amigo ou arrumava uma acomodação temporária. Pra ser honesto, quase não tinha dinheiro nem pra comprar comida naquela época (sim, isso foi depois do que aconteceu com Trish). O ponto principal é que eu não me preocupava muito com a logística. Eu simplesmente sabia que precisava absorver tudo que pudesse sobre como eles viviam, então fiz o que podia para que as características fenomenais dos dois entrassem em minha vida.

Ken é como um gerador humano de alta voltagem. Ele se diz um *supernetworker*, mas é muito mais que isso. Atualmente, ele lidera um grupo empreendedor do qual faço parte, chamado METAL International. A essa altura, já ganhou dinheiro suficiente para o resto da sua vida, então seu único objetivo é ajudar os outros a conseguirem a vida que desejam. Para isso, ele conecta pessoas de todo o mundo, que assim podem se beneficiar das habilidades e aspirações umas das outras.

Ken também tem um programa de rádio em que conversa com alguns dos maiores nomes do mundo dos negócios. Seus maneirismos e estilo de comunicação são tão incríveis que ele consegue trazer bilionários de todos os setores ao seu show, para falar tanto sobre seus negócios como suas vidas pessoais. Todo mundo ama interagir com Ken. Ele faz amigos instantaneamente com seu entusiasmo e humor contagiantes.

Nanxi tem uma inteligência que é de outro mundo. Ainda na faculdade, ela fundou uma empresa de biomedicina cujo serviço era manter vacinas em temperatura ideal sem que fosse preciso usar gelo ou gelo seco. A empresa obteve um sucesso tremendo; na verdade, ela explodiu — financeiramente, não literalmente.

Depois, ela fundou uma empresa chamada Enplug, que oferece um software usado em monitores digitais para exibir informações em empresas. O programa também providencia interação em tempo real entre marcas e usuários via mídias sociais. Adicionalmente, Nanxi tem um fundo *hedge* lastreado em criptomoedas. Não me peça pra explicar isso, porque tenho dor de cabeça só de pensar. Eu falei que ela era inteligente.

Além de sua inteligência, também notei o modo como Nanxi gerenciava seus negócios, particularmente a forma como ela empoderava sua equipe e seus engenheiros. Ela não perdia tempo com os detalhes mínimos das operações diárias quando isso não era necessário.

Nanxi dava muita ênfase ao processo de contratação, o que garantia que sempre houvesse pessoas incrivelmente talentosas trabalhando pra ela, e então deixava que brilhassem. Isso me ajudou a perceber que eu não tinha que estar no escritório todos os dias para mostrar às pessoas como proceder em cada detalhezinho de suas tarefas. Na realidade, elas provavelmente já sabiam como fazê-las melhor que eu. Nanxi me ensinou sobre empoderamento, e foi uma lição extremamente valiosa.

Graças a meus esforços para me conectar com Ken e com Nanxi, pude me beneficiar bastante das perspectivas valiosas dessas pessoas incríveis ao longo dos anos. Apesar de não termos sido amigos superpróximos de início, eu os considero dois dos meus melhores amigos hoje em dia.

O CÍRCULO CONSCIENTE

À medida que ia percebendo o impacto positivo do tempo que passava com Ken e Nanxi nos meus negócios e na minha vida pessoal, comecei a pensar mais à frente. Passei a me perguntar: "E se eu me cercar de mais pessoas como essas?".

De repente, aquela ideia começou a se moldar como uma forma de networking que chamo de "círculo consciente". O que quero dizer com isso é: olhe à sua volta e veja as pessoas com as quais você tem passado mais tempo. Talvez sejam seus familiares, amigos ou colegas de trabalho; talvez sejam as pessoas que preparam seu *skinny vanilla latte* toda manhã no café da vizinhança. Pergunte-se se essas pessoas o estão ajudando a se tornar a pessoa que você deseja ser.

Por meio desse processo de pensamento, percebi que eu precisava ter *mais* do que Ken e Nanxi faziam por mim e *menos* do que faziam alguns dos meus outros relacionamentos. Foi aí que as palavras de um empreendedor altamente influente, Jim Rohn, começaram a fazer sentido. Essas palavras, contidas na citação que abre este capítulo — "Você é a média das cinco pessoas com as quais passa a maior parte do tempo" —, significavam que eu deveria fazer um esforço consciente para garantir que as pessoas com as quais eu passasse mais tempo fossem aquelas que poderiam me ajudar a crescer e me tornar o tipo de empreendedor, líder e pessoa que queria me tornar.

A primeira coisa que notei quando comecei esse exercício foi que, na minha opinião, cinco pessoas não eram suficientes para se formar um círculo consciente completo, então estendi o conceito de Jim Rohn para incluir sete pessoas.

Desenvolver seu círculo consciente significa assumir o controle de seu próprio destino. Significa saber quem você quer se tornar na vida e fazer boas escolhas para permitir que isso aconteça. Você não tem que abandonar ninguém, mas pode ter que passar menos tempo com velhos amigos e conhecidos para conseguir coisas maiores e melhores na sua vida e no mundo à sua volta. Mas o mais importante é que você não tem que ser babaca para que isso aconteça.

O CÍRCULO EVOLUI

Cerca de um ano antes de começar a escrever este livro, notei que uma coisa em particular faltava no meu círculo consciente. A fé sempre foi grande parte da minha vida. Ao iniciar um diário, percebi que não estava tão conectado a ela como queria.

Manter um diário é uma ótima maneira de se fazer uma autoavaliação. Ao recordar as muitas coisas que acontecem na sua vida — tanto as significativas quanto as rotineiras —, você oferece a si mesmo pontos de referência. Esses pontos de referência podem dizer se você está no caminho certo para alcançar objetivos e metas. Ao folhear meu diário, percebi que em meu círculo consciente faltava uma presença espiritual.

Encontrei essa presença espiritual em uma psicóloga e *coach* maravilhosa chamada Kathleen. O amigo de um amigo nos apresentou alguns anos atrás e desde então ela agregou um valor imenso à minha espiritualidade e à minha mentalidade. Ainda falo com ela de três a quatro vezes por mês, e ela faz um trabalho excelente de me manter no caminho de me tornar a pessoa que eu quero ser.

Ser grato foi um dos aspectos em que ela mais me ajudou. Conhecer sua perspectiva sobre a interdependência da humanidade e as maravilhas que o mundo oferece me tornou uma pessoa muito mais agradecida por cada coisinha que eu veja ou sinta, por mais simples que seja. Com esse sentimento correndo em minha mentalidade, iniciei um novo ritual: evocar alguma coisa pela qual sou grato antes de cada refeição.

Os cristãos estão bastante familiarizados com esse costume e se referem a ele como "dar as graças". Porém, muitas vezes, o valor desse ritual se perde em uma prece ritualística, uma repetição de palavras recitadas um milhão de vezes antes que têm, na realidade, muito pouco significado. Assim, em vez de repetir mecanicamente alguma prece formal escrita há milhares de anos, prefiro dizer algumas palavras que surjam na minha cabeça sobre algo pelo qual estou genuinamente grato, e encorajo quem esteja compartilhando a refeição comigo a fazer o mesmo. Tudo bem se ninguém quiser fazer isso, mas sempre gosto de estender o convite.

Trazer Deus de volta à minha vida foi uma decisão consciente que tomei cerca de um ano antes de escrever este livro, e isso exerceu um impacto profundamente positivo sobre mim desde então. Ao encontrar Deus novamente após começar o diário e, com isso, elevar minha mentalidade, cheguei mais perto de ser a pessoa que quero me tornar.

A espiritualidade pode ser um componente importante para você também, não importa se acredita em Deus ou não. Se isso é importante para você ou se sente que a espiritualidade faz falta em sua vida, assegure-se de ter alguém em seu círculo consciente que o ajude com isso.

> *Lição essencial nº 7:* Seu círculo consciente envolve as sete decisões mais importantes – de longe – que você terá de tomar continuamente na vida. Cada pessoa presente nesse círculo consciente certamente poderá ajudá-lo a realizar todos os seus sonhos. Por outro lado, elas também podem mantê-lo preso à sua vida acomodada para sempre e impedi-lo de alcançar qualquer coisa além do seu estado atual de complacência. Tenha em mente que seu círculo consciente pode evoluir, então é uma boa ideia revisar sua lista pelo menos uma vez por ano.

Para algumas pessoas, como para mim mesmo, a espiritualidade é um componente necessário. Outras podem se sentir compelidas a se envolver com causas sociais ou políticas, ambientalismo ou voluntariado. Há todo um mundo de escolhas lá fora com as quais você pode se identificar. Encontrar pessoas que exerçam um impacto positivo sobre você pode deixá-lo muito mais próximo da pessoa que quer se tornar.

FAÇA UMA AUTOANÁLISE

Separe um tempo para desenvolver seu próprio círculo consciente. Comece escrevendo nas linhas abaixo os nomes das sete pessoas com as quais você mais interage atualmente no dia a dia.

VELHO CÍRCULO CONSCIENTE

1. _____

2. _____

3. _____

4. _____

5. _____

6. _____

7. _____

Agora, pense nas pessoas que já estão na sua vida ou que você quer em sua vida e que poderiam ajudá-lo a ficar mais próximo da pessoa que você quer se tornar. Pare por alguns minutos para pensar seriamente sobre isso. Se necessário, faça uma pausa de uma ou duas semanas e então retorne à atividade. Quando tiver os nomes em mente, separe um tempo adicional para fazer a si mesmo algumas perguntas criticamente importantes:

- *Essas sete pessoas são a somatória do que eu quero me tornar?*
- *Essas sete pessoas vão me estimular a realizar os meus sonhos?*
- *Essas sete pessoas vão me oferecer apoio tanto nos bons momentos como na adversidade?*
- *Posso ligar para qualquer uma dessas sete pessoas, na hora que for, e ter certeza de que elas atenderão a chamada?*
- *Posso oferecer a essas sete pessoas tanto apoio quanto espero ser apoiado?*

Os humanos têm uma tendência à acomodação e ao conforto, então muitas respostas provavelmente serão "não". Se esse for o caso, você precisa fazer alguns ajustes ao círculo para dar a partida em seu crescimento pessoal e profissional. Novamente, não significa que você tem que ser babaca sobre isso e esquecer completamente dos seus melhores e mais antigos amigos.

Se esse exercício o fizer descobrir que certas pessoas na sua vida exercem sobre você influências predominantemente negativas, deverá achar um jeito de se livrar desses relacionamentos tóxicos. Isso pode ser extremamente difícil, mas é necessário, porque relacionamentos tóxicos podem tornar quase impossível a conquista de tudo que você quer na vida. Você não precisa se distanciar totalmente, mas deve minimizar sua exposição a esses indivíduos.

Pode ser que haja outros relacionamentos não necessariamente tóxicos, mas que tampouco sejam tão benéficos como aqueles em seu círculo consciente. Talvez seja uma boa ideia passar menos tempo com essas pessoas também, porque esse é o único jeito de liberar a sua agenda para o tempo adequado que você deve passar com seus influenciadores mais positivos.

Agora, selecionemos o seu novo círculo consciente.

Quem são as sete pessoas que vão estimulá-lo, desafiá-lo e apoiá-lo na conquista de seus sonhos e objetivos? Não pare até que você chegue a sete pessoas (sem ofensa a Jim Rohn, mas cinco pessoas são apenas um pontinho no radar social para a maioria de nós).

Agora, relacione sua nova lista de influenciadores positivos. Ao lado de seus nomes, anote especificamente o que você mais admira e valoriza nessas pessoas. Então, liste o que quer aprender com elas também.

NOVO CÍRCULO CONSCIENTE

1. _____

2. _____

3. _____

4. _____

5. _____

6. _____

7. _____

Lembre-se: é a sua vida, e depende de você vivê-la do jeito que quer.

Capítulo 6

ÀS VEZES, VOCÊ TEM QUE SER BABACA

Às vezes, você tem que ser egoísta para ser altruísta.

— EDWARD ALBERT
(Ator americano)

Há uma expressão popular usada para descrever os cidadãos naturais de Minnesota e Wisconsin: *Minnesota nice* (sujeito legal de Minnesota). De modo geral, é uma boa maneira de nos descrever. Nós somos mesmo pessoas bem legais na maior parte do tempo. A menos, é claro, que leve em conta a taxa mundialmente sem precedentes de comportamento passivo-agressivo que existe na região, o que pode definitivamente fazer com que as coisas não sejam tão legais. Outra expressão que ouço com frequência é: caras legais terminam em último. Não consigo acreditar nisso completamente. Você pode ser um cara legal e mesmo assim atingir muitos de seus objetivos e metas pessoais. De várias maneiras, ser legal pode ser um atributo pessoal valioso.

A verdade nua e crua, entretanto, é que às vezes você tem que ser babaca.

EGOÍSTA VERSUS ALTRUÍSTA

Depreende-se da expressão *Minnesota nice* que, independentemente de seus sentimentos mais íntimos sobre alguém, você deve sempre ser gentil, ajudar os outros e fazer a coisa certa. Quando eu era criança, aprendi que, mesmo se não gostasse de determinado indivíduo, discordasse de seus valores morais ou simplesmente o achasse uma má pessoa, jamais deveria demonstrar isso em público.

Para me tornar um empreendedor, aprendi que deveria mudar de *Minnesota nice* para babaca quando necessário. Para fazer isso de maneira eficiente, tive que lutar internamente com as diferenças entre ser egoísta e ser altruísta. De acordo com o dicionário Caldas Aulete, seguem as definições de ambos os termos:

Egoísmo (*s.m., e.go.ís.mo*) 1. Dedicação excessiva que uma pessoa tem por si própria, esquecendo-se de considerar as necessidades e o bem dos outros. 2. Exclusivismo de quem toma a si próprio como referência para tudo; EGOCENTRISMO. 3. *Fil.* Tendência presente nos seres humanos de levar em conta exclusivamente os próprios interesses em detrimento do cumprimento dos deveres morais para com os outros.

Altruísmo (*s.m., al.tru.ís.mo*) Dedicação desinteressada ao próximo; FILANTROPIA [Antôn.: egoísmo.]

O fator de diferenciação principal entre os termos é a perspectiva. Uma ação que pode ser vista como egoísta por algumas pessoas em certas situações pode também ser vista como altruísta por outras. Por exemplo, considere a história a seguir sobre um relacionamento complexo, mas sobretudo tóxico, que tive com uma ex-namorada.

SOU UM HUMANITÁRIO OU UM BABACA?

Pouco depois de termos, eu e minha namorada, voltado de uma visita à Itália, eu já tinha outra viagem em vista. Desta vez, era uma oportunidade de ir à Europa para trabalhar em uma iniciativa de plantio de árvores em parceria com várias empresas mundialmente respeitadas e socialmente responsáveis. Era uma chance de executar em alto nível algo pelo qual era apaixonado, isto é, seria uma parte importante de uma grande empreitada de financiamento e plantio de centenas de milhares de árvores em todo o mundo. Era assim que eu encarava essa viagem, e me parecia uma questão bem altruísta. Mas ela não via da mesma maneira.

Eu ia surpreendê-la com as passagens para a Europa, pois queria que ela se juntasse a mim nessa oportunidade fantástica. Certa ou errada, ela encarou a ideia como algo mais egoísta do que qualquer outra coisa. Talvez ela encarasse a situação mediante uma visão muito limitada. Ela disse: "Como pode esperar que eu simplesmente largue tudo e vá com você para a Europa, para que você possa trabalhar? Passou pela sua cabeça que talvez houvesse coisas minhas acontecendo ao mesmo tempo e teria sido bom confirmar comigo antes de comprar as passagens?".

Pensei sobre isso e percebi que ela tinha razão. Da perspectiva dela, fora uma atitude egoísta de minha parte. De uma perspectiva mais ampla, porém, vi aquela oportunidade como uma missão altruísta que eu poderia assumir. Era como sacrificar meu próprio conforto pessoal em prol do bem maior. Em vez de ficar em casa com a minha namorada, acomodados nas atividades que amamos, iríamos para o exterior ajudar o planeta.

Ao plantar árvores por toda a Europa, eu contribuiria para oferecer um ambiente mais saudável para as próximas gerações. Viajar e reflorestar o planeta nunca foi algo que fiz para ganho próprio. Pelo contrário, queria fazer do nosso planeta um lugar melhor para meus futuros filhos e construir uma empresa que pudesse sustentá-los. Este foi o exemplo perfeito de como duas pessoas podem ver a mesma situação sob perspectivas completamente diferentes.

Nosso relacionamento acabou de maneira ruim e fiquei arrasado na época. Agora, porém, vejo como esse rompimento foi na verdade uma bênção, porque não encarávamos as coisas da mesma maneira. Nossos pontos de vista eram muito diferentes, sob os mais diversos aspectos.

Acabei fazendo aquela viagem e participei de um trabalho incrível, que contribuiu muito para a saúde do nosso planeta. Ao longo dos próximos cem anos, comunidades inteiras vão se beneficiar daquelas árvores que plantei. Além disso, muitas pessoas que trabalham duro vão ganhar uma boa renda com os empregos que ajudei a criar enquanto estava lá.

No fim das contas, tomei a decisão de que precisava ser um pouco mais egoísta na vida pessoal para agir de uma maneira altruísta mais holística. Muito tempo atrás, decidi que minha missão seria plantar mais árvores do que Teddy Roosevelt, um dos meus ídolos. Esse objetivo não é egoísta, mas parte de um chamado que sinto ter recebido de um poder maior. Entendo que esse objetivo exigirá que eu seja egoísta em algumas ocasiões da minha vida para poder criar algo realmente fantástico para as gerações futuras. Aquela viagem à Europa contribuiria muito para tornar esse sonho realidade.

Minha ex-namorada simplesmente não conseguia ver o todo, mas tudo bem, porque muitas pessoas têm dificuldade em fazê-lo. Não é que um de nós estivesse necessariamente certo ou errado, mas a situação era indicativa de que éramos pessoas muito diferentes.

Lição essencial nº 8: Muitos visionários e empreendedores sacrificam seus sonhos por causa de um parceiro que não vê o todo. Assegure-se de que sua pessoa especial o apoie em sua ideia para mudar o mundo. É provável que essa pessoa seja parte de seu círculo consciente porque ela é obviamente uma parte enorme da sua vida. Portanto, o apoio que ela *oferece é inegavelmente necessário. Se você sabe que está no caminho certo para alcançar o seu verdadeiro objetivo, não deixe que ninguém seja um obstáculo – nunca.*

Agora, tenho outra história que envolve um grupo muito maior de pessoas que também não conseguiram ver o todo em uma situação crítica. Neste caso, não tive escolha a não ser tomar a decisão muitíssimo impopular de demitir um indivíduo adorado por todos na minha empresa — mais uma prova de que, às vezes, você tem que ser babaca.

VEJA O TODO

Alguns anos atrás, contratamos um cara superlegal chamado Josh para ser o nosso líder de operações. Pai de família, ele seria uma ótima aquisição à nossa cultura corporativa, pois partilhava de vários de nossos valores como empresa.

Pessoalmente, eu tinha muito respeito pelo Josh como ser humano. Infelizmente, ele não era capaz de fazer o trabalho. Josh tinha muita experiência em gerenciar equipes com muitas pessoas em grandes corporações, mas nenhuma experiência em gerenciar equipes pequenas de dez a vinte pessoas, que envolve uma dinâmica completamente diferente.

Provavelmente, o calcanhar de Aquiles de Josh era ele ser legal demais. Todo mundo o adorava, mas ninguém se mataria de trabalhar por ele. Eu me lembro de uma ocasião em que vi uma de suas subordinadas lixando um componente: ela estava sentada em uma cadeira com os pés apoiados no balcão, em uma posição totalmente relaxada e despreocupada. Um pouco chocado, decidi ficar e observar quanto tempo levaria para ela lixar aquela peça. Ela não me viu, mas levou mais de dez minutos pra fazer algo que deveria ter levado em torno de sete segundos. Para ser mais exato, ela ficou mandando mensagens de texto por cerca de cinco minutos entre o início e o fim do processo de lixamento, então interprete o total de tempo desperdiçado levando isso em consideração.

Esse incidente em particular não foi o único exemplo que testemunhei do nível extremo de ineficiência operacional nas equipes supervisionadas pelo Josh. Antes disso, já tinha percebido que ele era legal demais com as pessoas para que pudesse fazê-las desempenhar o trabalho da maneira que precisávamos. Nós lhe demos muitas oportunidades para mudar as coisas e o colocamos em planos de desempenho oficiais, mas ele não era capaz de cumprir as metas, então tive que tomar uma decisão difícil. Tive que ser babaca. Na real, não havia escolha. As únicas opções eram:

1. Ser um cara legal: Manter o estado atual de ineficiência operacional e deixar a empresa afundar devido ao baixo desempenho. Para mim, essa era a decisão egoísta a tomar, porque facilitaria meu trabalho. Tudo que eu tinha de fazer era deixar a empresa continuar em sua trajetória de colisão com a autodestruição. Todo mundo continuaria a ser meu amigo e ninguém seria apontado como incompetente.

2. Ser babaca: Ao demitir o Josh, que seria uma decisão horrivelmente impopular, eu poderia salvar a empresa. Desta maneira, os outros vinte e tantos funcionários manteriam seus empregos e nós continuaríamos em nossa missão de exercer um impacto global positivo sobre o meio ambiente. Essa era a escolha altruísta, mas é estranho ser o único que pensava assim.

No fim das contas, sabiamente escolhi a porta número dois e decidi mandar o Josh embora. Foi uma decisão incrivelmente difícil, pois ele era um cara muito legal, mas estava claro que era a coisa certa a fazer para o bem-estar de todos, incluindo o dele mesmo. Eu não faria nenhum bem a ele se o mantivesse em um emprego em que mandava muito mal. Ao deixá-lo seguir para outro emprego em que tivesse a oportunidade de ser bem-sucedido, eu o estava ajudando.

Além disso, não tinha tomado a decisão no calor do momento. Nós falamos com o Josh em outras ocasiões, mas, mesmo assim, ele não foi capaz de mudar as coisas. O que não previmos, entretanto, foi a maneira extremamente ruim como o resto da empresa reagiu.

SE ELE FOR, EU VOU, E EU VOU, E EU VOU...

Demitimos Josh em um domingo, que parecia o melhor dia para se fazer isso, porque pelo menos não arruinaria o fim de semana do cara e ele não teria que aparecer na segunda de manhã para sofrer a indignidade de limpar sua mesa na frente de todo mundo.

Apesar de nossos esforços de não fazer muito alarde sobre a demissão até que pudéssemos informar a todos, a notícia se espalhou antes da nossa reunião, marcada para a manhã de segunda-feira. Durante a reunião, Ross, um dos subordinados do Josh, se levantou e disse: "Querem saber? Acho que vocês não têm a menor ideia do que estão fazendo. Discordo totalmente da demissão do Josh e me demito também!".

A pior parte daquele desabafo foi que poderia ter sido resolvido de uma maneira muito mais eficiente. Se Ross tivesse pedido para falar comigo em meu escritório — de maneira reservada —, em vez de tentar me expor na frente da empresa inteira, nós provavelmente poderíamos ter chegado a uma decisão que teria sido mais benéfica para todo mundo. Inclusive, eu já havia decidido substituir Josh justamente pelo Ross!

No entanto, o que aconteceu foi que, um a um, todos os membros da equipe do Josh se levantaram, disseram que eu era um babaca que não sabia gerenciar a empresa, e pediram as contas. No total, catorze pessoas saíram porta afora naquele dia e nunca mais voltaram, incluindo um cara chamado Emmit que não só não trabalhava com o Josh como nem sabia quem diabos era Josh. Ele só queria fazer parte do grupo dos descolados.

O maior chute na bunda sobre Emmit ter saído naquele dia foi que já tinha me arriscado a contratá-lo. Anteriormente, ele havia trabalhado em uma franquia do Jimmy John's como manobrista do turno da noite em um restaurante local. Fui jantar nesse restaurante uma noite dessas. Dei a ele a minha chave quando saí e o vi sair correndo pra buscar o carro. Fiquei tão impressionado com a velocidade com que ele trouxe o carro que pensei que ele deveria ter uma ótima ética de trabalho, então lhe ofereci um emprego.

Emmit aceitou o emprego imediatamente e aí saiu pela porta com o resto do pessoal apenas alguns meses depois.

Na verdade, ainda tentei impedir as pessoas de tomarem tal decisão no meio daquela insanidade toda, para ter certeza de que estavam completamente conscientes do que estavam fazendo. Eu sabia que todos dependiam dos seus salários e não poderiam arcar com uma demissão sem que houvesse outro emprego esperando. Eu disse: "Pessoal, pessoal, pessoal! Vocês entendem que, ao se demitirem, não receberão mais dinheiro? Isso significa que não terão direito ao auxílio-desemprego. Vocês entendem isso, certo?".

Na realidade, eu tinha certeza de que o garoto que não sabia quem era Josh não tinha a menor ideia de onde estava se metendo, mas isso era problema dele, porque eu tentei alertar. Outra coisa que duvido que qualquer um deles tenha entendido é que, se não tivesse demitido Josh, eu teria de mandar todos embora em algumas semanas, porque a empresa estava sofrendo por causa dos resultados ruins que eles estavam entregando coletivamente.

Enquanto toda essa confusão acontecia, de repente percebi que havia um cara — Mitch Brandes — que estava em seu primeiro dia na empresa. Depois de aquelas catorze pessoas terem saído, sobravam poucos de nós, incluindo Mitch. Virei para ele e disse: "Bem, que tal isso para as suas primeiras horas no emprego? Pelo jeito, vamos precisar que você assuma bem rápido um cargo de gerência, então espero ansiosamente que possamos fazer um bom trabalho juntos".

E contratar Mitch foi uma das melhores coisas que já fiz. Ele é hoje o nosso gerente de produção e tem sido um funcionário absolutamente fantástico desde que começou a trabalhar conosco.

Depois da manifestação não tão sutil daquele dia, fiz o melhor que pude para reunir as tropas remanescentes — o que quer que tivesse sobrado delas. Eu disse: "Bem, nós obviamente estamos em uma situação de merda aqui. Não vai ser fácil, mas precisamos nos unir. Prometo que nunca vou esquecer se vocês concordarem em me dar uma força neste momento. Todos teremos de trabalhar muito duro pelas próximas semanas, até encontrarmos boas pessoas para substituir as que acabaram de sair".

É TUDO SOBRE O *PORQUÊ*

As pessoas que saíram naquele dia obviamente não viram o todo. Em contrapartida, as que ficaram buscavam mais do que apenas um emprego. Elas ainda queriam desenvolver produtos de qualidade, criar empregos nos Estados Unidos e trazer a natureza de volta à vida das pessoas. Algumas delas — como Mitch — estão comigo até hoje, e sou incrivelmente grato pelos seus esforços incessantes desde então.

Mais uma vez, estou inclinado a acreditar que aquelas pessoas ficaram na empresa porque acreditavam no *porquê* do meu negócio tão fortemente quanto eu mesmo. Se meu único intuito com a demissão do Josh fosse encher minha própria carteira, realmente teria sido um babaca naquela situação. Mas claramente não era o caso. Eu ainda queria desenvolver produtos americanos de qualidade, criar empregos e trazer a natureza de volta à vida das pessoas. Entretanto, não havia outra maneira: para cumprir essa missão, tinha de cortar os laços com alguém que, apesar das melhores intenções, estava puxando a equipe para a direção oposta.

Observar aquelas catorze pessoas me chamarem de babaca e saírem da empresa talvez tenha fortalecido ainda mais a minha determinação. Isso também me fez perceber que poderia confiar mais profundamente na lealdade das pessoas que ficaram. Por essa razão, acredito que confiança e lealdade são dois dos atributos mais importantes que você deve buscar quando estiver contratando sua própria equipe.

O próximo capítulo inclui uma história hilária, mas ao mesmo tempo tenebrosa. A lição, porém, é que ela corrobora totalmente o que eu disse há pouco sobre o valor da confiança e da lealdade nos negócios e na vida. Afinal, não há nada como ficar preso por uns dias em uma cadeia de Madagascar com outra pessoa para certificar-se da confiança do seu relacionamento com ela.

Capítulo 7

BONS AMIGOS O TIRAM DA CADEIA; MELHORES AMIGOS ESTÃO NA CELA COM VOCÊ

> *O trabalho em equipe começa pela criação de confiança. E a única forma de se fazer isso é pela superação da nossa necessidade de invulnerabilidade.*
>
> **— PATRICK LENCIONI**
> (Especialista em gestão de negócios e autor americano)

Lealdade e confiança serão sempre dois dos fatores mais importantes que busco nos negócios e na vida. Em nove vezes entre dez, escolherei contratar ou fazer negócios com alguém em quem confio completamente no lugar de alguém em quem confio mais ou menos. Nós todos cometemos erros de julgamento de vez em quando, então eu provavelmente deveria elevar as chances para dez vezes entre dez.

A importância da confiança e da lealdade tornou-se ainda mais óbvia para mim quando passei pelo momento de ver aquelas catorze pessoas saindo da minha empresa. Ela foi solidificada por um segundo incidente ainda mais extremo.

ENTENDIDO?

Uma das viagens mais extraordinárias que já fiz incluiu uma missão de plantio de árvores em partes rurais e pobres de Madagascar.

Quando chegamos àquele país insular, tínhamos muito trabalho pela frente, mas estávamos felizes em fazê-lo. A paisagem em Madagascar pode variar enormemente a depender da região, então tivemos que usar meios de transporte diferentes para concluir a missão. Algumas vezes, usamos helicópteros para voar para vilas extremamente remotas. Outras vezes, usamos canoas para navegar entre rios e córregos e chegar às zonas delimitadas para o plantio.

As "canoas" que usamos eram meio improvisadas. Basicamente, não eram nada além de troncos ocos cortados e com buracos abertos na parte de baixo. Constantemente, tínhamos que retirar a água que entrava nessas coisas para mantê-las flutuando conforme remávamos. O lado positivo é que, quando o rio está cheio de cobras venenosas, você tende a remar e a jogar água para fora bem rápido.

Quando chegávamos às áreas de plantio, rapidamente começávamos a trabalhar, elucidando nossas parcerias, educando as tribos e explicando como proceder durante a implementação geral dos berçários de mudas e dos programas de plantio. Tentávamos dar o fora antes que algum criminoso da vizinhança pudesse nos ameaçar ou ameaçar nossa missão. Porém, às vezes falar é mais fácil do que fazer.

Em uma região em particular, as estradas de terra eram muito acidentadas e o terreno, muito rochoso, então optamos por usar quadriciclos para ir e voltar das áreas de plantio.

O presidente de uma das ONGs que participavam da missão, Roger, tornara-se meu novo melhor amigo na viagem. Certa noite, estávamos em nossos quadriciclos quando o destino nos pregou uma peça engraçada, porém amedrontadora e perigosa. Antes de eu continuar a história, saibam que Roger tinha cerca de cinquenta anos e aquele tipo físico típico de pai de família. Ele era um ótimo cara, mas não alguém que você escolheria para estar a seu lado em uma briga de rua em um país de terceiro mundo — a menos que tivesse uma metralhadora, o que infelizmente ele não tinha.

Fazia um calor infernal nessa noite fatídica. A poeira suspensa no ar não cedia e grudava na gente, como moscas capturadas em uma teia de aranha. Pilotávamos lado a lado na estrada de terra, a uma velocidade de mais ou menos 48 quilômetros por hora, querendo apenas chegar logo aos nossos quartos para poder relaxar. Estávamos supercansados do longo dia de trabalho duro, quando de repente — *crash!*

Roger foi atingido com tudo na lateral pelo carro de uma mulher que apareceu do nada. O quadriciclo saiu voando para um lado e Roger para o outro, tendo sido lançado às alturas daquele ar espesso e iluminado pelo sol. Minha primeira reação foi: "Puta merda, o Roger morreu!".

Estávamos no meio da Merda de Lugar Nenhum do Leste de Madagascar, a cerca de três ou quatro quilômetros da vila mais próxima. Desliguei o meu quadriciclo para ver como Roger estava, já esperando encontrar braços e pernas dobrados e retorcidos em posições diferentes e anormais. Para tornar a coisa ainda pior, a mulher que o atingira estava agora fora do carro dela, gritando alguma coisa em malgaxe e vindo para cima de mim com agressividade.

Como se a situação já não fosse ruim o suficiente, toda a gritaria que aquela mulher louca estava fazendo chamou a atenção de um monte de outros nativos de Madagascar que estavam no meio da estrada indo para lugar nenhum. Antes que eu percebesse o que estava acontecendo, a multidão se transformara em uma turba nervosa formando um círculo à nossa volta, para ter certeza de que não escaparíamos.

A boa notícia é que Roger não tinha morrido. Ele estava, porém, seriamente machucado, com arranhões e ferimentos por todo o corpo. Um pouco depois, outro cara apareceu em um Nissan Maxima velho e caindo aos pedaços, sem calotas nas rodas e com as lanternas traseiras queimadas. Ele vestia uma calça de moletom e uma boina bordô. Acontece que esse cara era aparentemente algum tipo de policial.

Enquanto cuidava do Roger, olhei por cima do ombro e vi a mulher do acidente correr até o policial e lhe oferecer alguma quantia em dinheiro. Logo depois, mais dois policiais chegaram, agora totalmente uniformizados. Eles usavam as mesmas boinas bordô, mas tinham cassetetes e pareciam ter saído diretamente do set de filmagens do filme *Diamantes de Sangue*. Pensei comigo mesmo: "Isso não é nada bom. Nós estamos com um problema sério aqui".

Por sorte, um dos policiais arranhava um pouco de inglês, mas o que ele tinha a dizer não era bom. Tentei contar a ele que a psicopata que nos atingira tinha subornado o outro cara, mas ele olhou para mim como se dissesse: "Dã, isso é o que fazemos aqui, seu americano burro". Então, ele me agarrou pelo braço e, de maneira bem persuasiva, insistiu: "Vocês dois virão comigo".

Tentei negociar, mas ele não queria nem saber. Eu disse a ele para verificar as marcas de pneu, que claramente indicavam que tinha sido aquela mulher que quase matara o meu amigo. Tudo que consegui foi uma discussão aos berros, e os caras com os cassetetes normalmente levam vantagem nesse tipo de coisa.

Os policiais nos colocaram contra os quadriciclos e nos revistaram. Depois, eles nos jogaram no banco de trás de uma de suas viaturas decrépitas e viajamos por cerca de vinte minutos, até chegarmos a um conjunto de prédios praticamente em ruínas. Ao longo do caminho, tentei imaginar como alguém poderia descobrir onde estávamos, mas não consegui chegar a nenhuma opção plausível. Então, comecei a achar que acabaríamos como duas pessoas que partiram em uma viagem para o exterior e nunca mais voltaram.

Finalmente, a viatura parou e os policiais nos conduziram por um portão que dava em um pátio aberto. Havia algumas motocicletas velhas e carros quebrados espalhados por lá, além de um monte de outros caras de bobeira — alguns, usando as mesmas boinas bordô. Um deles tomava cerveja e outros fumavam cigarros. Era como uma cena do filme *Mad Max*. Imagine um prédio velho e destruído situado no pátio de uma vila mexicana no meio do deserto, ocupado pelos mais variados tipos de personagens questionáveis, todos com um olhar de más intenções adornando suas faces.

Nossa escolta continuou a nos conduzir pelo interior da estrutura de dois andares dilapidada e com as janelas quebradas. Então, paramos no meio da sala, em frente a uma mesa entulhada com pelo menos trinta centímetros de papelada. Havia um cara sentado na mesa, carimbando uma folha atrás da outra. Ele falou com os guardas e apontou para uma sala vazia ao lado.

Eles nos levaram para uma sala de 4,5 x 4,5 m que fedia a algo desconhecido — urina, talvez, ou outro fluido corporal. Cheirava como o sopro da morte. As paredes eram uma mistura grosseira de estuque quebrado e sujeira. Outro cara estava lá, em uma mesa, também carimbando papéis. Não havia eletricidade, não havia luz.

A operação toda me pareceu bem meia-boca. As portas permaneciam escancaradas e ninguém prestava muita atenção em mim e no Roger. A certa altura, pensei que poderia fugir facilmente pela porta de trás e já estaria bem longe quando alguém percebesse, mas o que aconteceria com Roger? Decidi que sob nenhuma circunstância eu o deixaria pra trás. Não apenas porque não deixaria ninguém lidar sozinho com um destino desconhecido e possivelmente horroroso, mas porque sem dúvida não faria isso com um cara tão genuinamente bom.

Sou o tipo de pessoa que constantemente avalia todas as situações. Ponderei que era um bom lutador, pois fora praticante de luta olímpica e jiu-jitsu, então comecei a encenar as várias possibilidades na minha cabeça, tipo o que aconteceria se eu pegasse o cassetete de um dos guardas ou usasse outros objetos na sala para tentar lutar e fugir dessas pessoas. Mas cada encenação resultava em algo ruim. Afinal, nós estávamos em menor número e eu tinha um soldado ferido com físico de tiozão pra cuidar. Portanto, estávamos oficialmente navegando em um córrego de merda em Madagascar sem nada para nos ajudar a remar.

Depois que cheguei à conclusão de que não haveria nenhum homem deixado para trás naquele dia, comecei a pensar em outras possibilidades. O sujeito que estava carimbando papéis nesta sala tinha a aparência de alguém que assassinava pessoas para ganhar a vida, então estava com medo dele. Ele tinha um olhar de quem não se importava com nada, muito menos com esses dois americanos branquelos, superprivilegiados e plantadores de árvore.

Por fim, dois outros policiais vieram e tentaram se comunicar com a gente. Nós começamos a contar nossa história, mas não adiantou nada. Eles ficaram parados olhando para nós, como se já tivessem decidido o que aconteceria conosco.

Durante todo esse tempo, sem que ninguém tivesse prestado muita atenção, mantive comigo minha câmera GoPro, que agora estava em meu colo. Quando me dei conta de que não chegaríamos a lugar nenhum conversando com esses caras, decidi ligá-la, imaginando que, se fôssemos morrer, pelo menos deveríamos registrar o ocorrido. Não percebi, porém, que o som estava acionado, por isso, quando apertei o botão de ligar, ela emitiu o som de um apito alto.

Quando isso aconteceu, um dos policiais me agarrou pela camisa e gritou algo irreconhecível em malgaxe. A GoPro caiu no assento e todos ficaram em polvorosa com aquilo. Roger estava gritando com eles, eles estavam gritando conosco, e tudo que eu conseguia pensar era que eles iam cortar nossas mãos fora ou fazer a gente comer a GoPro, como uma gangue de mafiosos russos dos anos 1960.

Finalmente, o cara que tinha me agarrado me jogou de volta na cadeira. Outro cara pegou a GoPro, colocou-a em sua mesa e alternava olhares entre ela e a gente, como que dizendo: "Que porra vocês acham que estão fazendo com essa coisa?".

Aquele lugar era no meio do nada. Eles poderiam ter simplesmente nos matado e ninguém nunca ficaria sabendo. Eu estava tentando aceitar nosso destino, olhando para fora pelas janelas quebradas, quando, como se fosse algum tipo de milagre moderno, avistei um dos nossos amigos plantadores de árvores caminhando lá fora. "Só pode ser brincadeira...", pensei comigo mesmo. Acenei para ele e disse em um sussurro: "Psiu, Josy! Eu e Roger estamos aqui e vão cortar nossas mãos. Por favor, nos ajude!".

De alguma maneira, consegui chamar a atenção de Josy. Momentos depois, ele entrou pela porta como se fosse dono do lugar, passando por todos os guardas como um rei conforme abriam passagem para ele. Acontece que Josy era altamente influente naquela vila, todos o conheciam.

Ele começou a jogar conversa fora com os guardas como se fossem velhos colegas de quarto. Foi como se uma chave tivesse sido acionada. As expressões faciais de todos eles passaram de "assassinos ameaçadores" a "camaradas bonachões". Eles ligaram a GoPro e começaram a gravar a conversa amigável que aconteceu em seguida. Chegaram a incluir a mim e ao Roger nessa interação amigável.

Depois que todos nos tornamos melhores amigos, os policiais malgaxes nos levaram de volta à cena do acidente e nós o reconstituímos para eles. Os ânimos haviam mudado de tal maneira que eles até riram quando descrevi para eles como Roger voou como o Super-Homem por cerca de nove metros no ar. Em uma reviravolta bizarra da situação, eles localizaram a mulher que causara o acidente e a prenderam.

Quando tudo ficou resolvido, Josy disse: "É, pessoal, a situação estava a ponto de acabar de uma maneira muito, muito ruim pra vocês. Vocês deram muita sorte mesmo de eu estar passando por lá".

LEALDADE E CONFIANÇA ACIMA DE TUDO

Essa situação poderia ter acabado de maneira muito diferente se qualquer um de nós dois tivesse decidido escapar. Poderíamos ter sido assassinados, agredidos ou deixados para morrer em uma prisão malgaxe.

Duas coisas evitaram que esses cenários catastróficos ocorressem: lealdade e confiança. Felizmente, eu e Roger havíamos estabelecido uma conexão enquanto trabalhávamos juntos. Desde então, aprendi que é bem melhor contratar alguém em quem eu confie 100%, mesmo que esse alguém responda por apenas metade das habilidades de outro candidato.

VOCÊ ESTÁ CONTRATADO! AGORA, ME AJUDE A SALVAR A EMPRESA

Minha teoria de buscar confiança nas pessoas que contrato foi comprovada por dois membros de minha equipe, John Guenveur e Gerard Garramone. Ambos exemplificam essa noção melhor que quaisquer outras pessoas.

Muitos anos atrás, o destino da WOODCHUCK era incerto. A empresa não estava em uma boa posição financeira e nós precisávamos pegar emprestado mais dinheiro do banco se quiséssemos seguir em frente. O negócio sofria com a falta de consistência ao longo do ano. Nosso quarto trimestre costumava ser forte, mas os negócios diminuíam drasticamente no resto do ano. Quando nos aproximamos do terceiro trimestre daquele fatídico ano, enfrentávamos problemas de fluxo de caixa particularmente ruins.

Tínhamos pedidos grandes no horizonte, e eles nos salvariam, mas precisávamos de caixa para chegar àquele ponto. Então, pedi a John e Gerard que me acompanhassem em uma visita ao banco, pois solicitaria 200 mil dólares adicionais de empréstimo para que a empresa sobrevivesse ao trimestre.

John já trabalhava na empresa há um tempo, mas Gerard talvez estivesse na sua segunda ou terceira semana conosco. Qualquer um deles poderia ter pulado fora naquele momento, especialmente Gerard. Eu teria entendido plenamente se qualquer um deles dissesse algo como: "Sabe como é, isso não parece uma situação muito boa. Estou fora".

Mas não foi isso que fizeram. Eles enfrentaram a situação como os dois parceiros de equipe excepcionais que sempre foram e seguiram para a batalha comigo. Nós apresentamos ao banco o que tínhamos de melhor, e a exposição foi toda baseada em nosso *porquê* novamente.

John e Gerard me ajudaram a explicar o que já tínhamos feito. Havíamos plantado cerca de meio milhão de árvores pelo mundo e estávamos incrivelmente orgulhosos disso. Mas não foi só sobre isso que falamos. Nós seguimos explicando que acreditávamos profundamente em nossa habilidade de produzir itens americanos de qualidade, que gostávamos muito da ideia de empregar americanos honestos, que pensassem da mesma maneira e que trabalhassem duro.

John e Gerard se esmeraram tanto naquela apresentação que o banco acatou nosso pedido. Eles nos emprestaram o dinheiro de que precisávamos para atender os pedidos pendentes, e então nós fomos comemorar em um restaurante do outro lado da rua. Logo depois de nos sentarmos para parabenizar uns aos outros pelo trabalho bem-feito, recebemos uma ligação telefônica e fechamos um dos maiores pedidos que já havíamos recebido. A WOODCHUCK estava decolando, graças à confiança e à lealdade das pessoas à minha volta — prova positiva de que, adicionalmente a esses dois elementos-chave, o trabalho em equipe pode levar o seu negócio a atingir os níveis mais altos.

Lição essencial nº 9: Encontre pessoas confiáveis e leais para incluir em sua equipe. Essa deve ser uma regra sem exceções.

Capítulo 8

O COLETIVO É MELHOR QUE O INDIVIDUAL

Grandes feitos nos negócios nunca são alcançados por uma pessoa apenas; eles são alcançados por uma equipe de pessoas.

— STEVE JOBS
(CEO e cofundador da Apple)

Já testemunhei pessoalmente os fracassos catastróficos que podem ocorrer quando nos cercamos de pessoas ruins. Por outro lado, também já vi o que se pode alcançar quando boas pessoas se juntam por meio da lealdade e da confiança. É lindo e inspirador, e fico feliz por compartilhar algumas histórias sobre essas experiências neste capítulo. A primeira começa com a minha fantástica, criativa e excêntrica equipe na WOODCHUCK.

Vamos começar com algumas das pessoas com as quais você já está familiarizado.

PESSOAS NÃO TÃO COMUNS

John é o nosso vice-presidente de vendas e trabalha na empresa há cerca de quatro anos. De vez em quando, ele aparece no escritório trajando camisa social, mas normalmente você vai encontrá-lo de chinelos e shorts de ginástica. Isso importa? Não, porra, porque ele é um ninja das vendas no mundo b2b. Não tenho muita certeza sobre como ele consegue, mas ele normalmente trabalha até três da manhã e volta para o escritório por volta das sete. Provavelmente, não é um regime de trabalho para todos, mas para John certamente é.

Gerard é agora o nosso presidente. Ele tem 42 anos, mas aparenta menos de 30, e tem um jeito único de extrair o melhor das pessoas. Ele consegue ótimos resultados e tem um jeito fantástico para ajudar os membros da equipe em seus cargos na empresa e em suas vidas pessoais.

Ao olhar para Gerard, você talvez pensasse que ele faz parte de alguma banda de rock. Porém, ele na verdade gerencia uma empresa de fabricação de produtos de madeira no humilde estado de Minnesota — não é bem a mesma coisa em termos de fama e fortuna, mas ele é maravilhoso no que faz por nós.

Mitch, que viu catorze pessoas pedirem demissão em seu primeiro dia na empresa, agora gerencia nosso departamento de operações. É meio estranho ele ter começado em um momento tão simbólico de pessoas que claramente não viam o todo do nosso negócio. Mitch o entendeu desde o primeiro dia. Ele normalmente pode ser visto correndo pelo escritório com fones de ouvido ou falando ao telefone sobre alguma situação de expedição. Seu talento para fazer as coisas acontecerem é de fato fantástico.

Eu me considero incrivelmente sortudo por ter essas pessoas maravilhosas à minha volta todo o tempo, apoiando a missão da WOODCHUCK e me ajudando a mudar o mundo. É difícil imaginar onde eu estaria sem elas, particularmente meu braço direito, Alex Jones.

Alex prefere operar nos bastidores, mas é provavelmente a pessoa mais importante na empresa. Além de um sujeito incrível, é o exemplo perfeito do tipo de pessoa cuidadosa, leal e dedicada que busco em minhas contratações. Com atribuições que vão desde assegurar que toda a documentação fiscal seja enviada a tempo até afastar visitantes indesejados e garantir que eu siga a contento a minha agenda, Alex é o homem que me ajuda a ser o melhor que posso ser.

Essas pessoas e todas as outras na minha equipe têm algumas características de personalidade em comum. Elas são todas um pouco excêntricas e têm seu próprio jeito especial. Eu mesmo não me encaixo no molde típico de homem de negócios. Gosto de pensar de maneira criativa e fazer algumas coisas doidas, então é isso que busco quando estou montando minha equipe.

DEIXE A SUA BANDEIRA SER HASTEADA!

Um dos nossos lemas é: "Deixe a sua bandeira ser hasteada". É a nossa maneira de dizer que representamos uma cultura corporativa que estimula a inovação e o pensamento criativo. Não passamos o dia inteiro apenas montando dispositivos e preenchendo relatórios orçamentários. Minha equipe está sempre pensando em como fazer as coisas de uma maneira mais positiva, e eu a amo por isso.

Outra coisa que os membros da minha equipe têm em comum é que todos eles são fantásticos no que fazem. Você não olharia para mim ou para eles e imediatamente pensaria: "É, eis aí uma empresa multimilionária". Mas nós somos, sim, uma empresa multimilionária. Nosso grupo esquisito de indivíduos extravagantes trabalha incrivelmente em âmbito coletivo, apesar do nosso estilo pouco convencional.

Além de deixarmos nossas bandeiras hasteadas, nós também temos orgulho de mostrar nosso manifesto de cem anos na entrada da nossa matriz. Assim, as pessoas podem ver quem somos e por que fazemos o que fazemos. Ele expressa nossa missão coletiva para os próximos cem anos. Fabricar produtos de madeira não está em nenhuma parte desse manifesto. Em vez disso, ele foca em nossa paixão mútua e intensa de colocar a natureza de volta na vida das pessoas.

O manifesto é direto e contém uns palavrões, então não será do gosto de todos. Mas, tudo bem, porque diz às pessoas, logo de cara, como nós operamos. Candidatos aos empregos que oferecemos se dão conta imediatamente da nossa cultura corporativa. Assim, eles podem decidir por si próprios se se encaixam nela ou não. Tudo bem se você ficar ofendido ou não concordar com nada do que há no manifesto, mas, nesse caso, talvez não sejamos o melhor lugar para você trabalhar.

O MANIFESTO DE 100 ANOS

Como você mudou o mundo hoje?

Nós estamos aqui para tornar o MUNDO um lugar melhor.

Nós estamos aqui para INSPIRAR os outros a experimentar A MARAVILHA DA NATUREZA.

TODOS OS DIAS você exerce algum impacto.

MODO ANIMAL

Nós estamos aqui para FAZER AS COISAS ACONTECEREM. Nós somos SONHADORES, trabalhadores e pensadores ESTRATÉGICOS.

Nós somos as pessoas que mudam o mundo TODOS os dias.

Nós desejamos aprender e melhorar constantemente, e estamos sempre elevando nossa mentalidade, mesmo quando somos o número um.

Nós temos uma insanidade focada em nossos objetivos.

Nós somos o Modo Animal.

PREMIUM

Premium não é um resultado final; é a nossa verdade. Começa com uma ideia e continua depois da entrega. Está em cada experiência que criamos. É a razão de pressionarmos tanto, sacrificarmos tanto e constantemente nos empenharmos para estar dez passos na frente do melhor.

LIMITES PORRA NENHUMA

Você pode mudar o mundo se desafiar o status quo. Você

não pode mudar o MUNDO *se for um bonequinho que apenas balança a cabeça. Grite um pouco, mostre sua paixão e se comunique da maneira necessária para transformar o mundo em um lugar melhor.*

Aceite a melhor versão de si mesmo, seja AUTÊNTICO.
Se quiséssemos ser normais, não estaríamos aqui.
Nós somos o Modo Animal.
Nós somos Premium.
Nós não temos Limites Porra Nenhuma.
Nós somos WOODCHUCK.

Sugiro que faça o mesmo com o seu negócio. Não esconda quem você é ou em que acredita só porque pode parecer pouco convencional ou porque algumas pessoas podem não concordar. Lembre-se: você não pode agradar a todo mundo o tempo todo, então por que se importar?

Se você precisa de uma ajudinha para escrever um manifesto que se encaixe ao seu negócio, recomendo o livro *Traction* (Tração), de Gino Wickman. Ele inclui muitas informações ótimas para você começar.

> **Lição essencial nº 10:** Abrace o que quer que faça de você ou do seu negócio algo único. Por exemplo, se acredita em um ambiente de trabalho que aceite a presença de cães, deixe que todos saibam disso. Pelo menos dessa maneira você não vai cometer o erro de contratar alguém que é alérgico a cachorros ou, pior ainda, uma pessoa que prefira gatos!

ACREDITE, A GRAMA DOS OUTROS NÃO É MAIS VERDE

Nos primórdios da minha empresa, lembro de olhar para as grandes corporações e pensar: "Uau, eles devem ter operações perfeitas, gerenciadas quase sem dificuldades. Mal posso esperar para também chegarmos lá".

Infelizmente, depois de pesquisar intensamente e de visitar essas empresas pessoalmente para verificar como elas operam, percebi algo um pouco surpreendente: "São tão fodidas e tão completamente loucas quanto nós". É verdade, o tamanho da empresa e a força do produto ou serviço não importam quando estamos falando de operar um negócio. Não importa quão grande você seja, quão fantástico é o seu produto e quão bem você se comunica, as coisas podem se complicar! Na realidade, depois que realmente comecei a investigar algumas dessas empresas, percebi que podem até ser mais loucas do que a gente.

ESCOLHENDO A PAIXÃO

Equipes são como famílias em vários aspectos. Seus membros desafiam, insultam e brigam uns com os outros de vez em quando. Já vi membros de equipes chegarem às vias de fato uma ou duas vezes. Isso normalmente significa que os envolvidos se preocupam tanto com o resultado almejado que se dispõem a trocar socos na cara pelo que acreditam. Que fique claro, não estou dizendo que tal reação seja apropriada, mas quando algo assim acontece, pelo menos você sabe que a paixão está lá. Pode estar sendo usada de modo errado, mas está lá.

Se houver paixão no cerne da dinâmica corporativa, grandes equipes podem ultrapassar os limites do que parece possível atingir. As pessoas se tornam dez vezes mais fortes — física e mentalmente — para fazer o que nunca pensaram ser capazes de fazer. Não apenas concordo com essa mentalidade como a vivencio. Quero que as pessoas me incentivem a sair da minha zona de conforto com a mesma força com que tento incentivá-las. Essa é a única maneira de se poder sustentar um crescimento real e é central ao conceito de mentalidade formadora. É por isso que, alguns anos atrás, quando meu amigo Brandon me mandou uma mensagem de texto dizendo: "Ei, quer escalar o monte Rainier conosco?", eu disse, sem hesitar: "Porra, claro!".

O momento era perfeito. Brandon me mandou aquela mensagem precisamente quando eu estava em busca da minha próxima experiência de vida inesquecível. De tempos em tempos, se alguém não me incentiva a fazer alguma loucura, eu mesmo o faço. Desta vez, Brandon surgiu e me incentivou a sair da minha zona de conforto como se fosse um elefante selvagem em disparada.

RAINIER: UM IMPORTANTE TESTEMUNHO SOBRE TRABALHO EM EQUIPE

Se você alguma vez se informou minimamente sobre montanhismo, deve saber que escalar o monte Rainier não é algo que uma pessoa fora de forma, destreinada e inexperiente deve tentar. O cume do monte Rainier situa-se 4 392 metros acima do nível do mar, o que faz dele a montanha mais alta da Região Noroeste da América do Norte. Normalmente, exige-se um regime de treinamento rigoroso de seis a oito meses para os alpinistas mais experientes. Algumas pessoas treinam por anos só para alcançar o acampamento base. Entretanto, passei duas semanas assistindo a uma série de vídeos sobre montanhismo no YouTube enquanto acumulava milhas no meu simulador de escada. Se você está pensando, "que idiota!", não está sozinho.

Conversei com muitos alpinistas experientes ao longo daquelas duas semanas e todos me disseram que eu não ia conseguir fazer a escalada. Na verdade, a maioria me disse que eu era um idiota só por tentar. Mesmo as pessoas de quem esperava algum apoio, como minha namorada na época, disseram que eu estava sendo um idiota. Acho que não falei com uma única pessoa sóbria que achasse que eu conseguiria chegar ao topo daquela maldita montanha. E, é claro, isso só fez com que eu ficasse ainda mais obstinado com aquilo.

Essa situação mostra que as pessoas podem motivá-lo de maneiras diferentes. Elas podem fazê-lo ao dizer: "É lógico que você vai conseguir escalar o monte Rainier só com duas semanas de treinamento. Por que não aproveita para participar de uma prova de triatlo ou disputar uma queda de braço com o Hulk Hogan quando chegar lá em cima?". Ou ao dizer: "Você é muito idiota. Você acha que vai conseguir escalar uma das maiores montanhas do país? Divirta-se morrendo, idiota!".

Tenho que admitir: quando pus aquela mochila de 23 quilos nas costas, com meu corpo operando com cerca de metade de seu suprimento normal de oxigênio, comecei a dar alguma razão aos *haters*. Comecei a pensar sobre o que diabos estava fazendo. Após cerca de 45 minutos de subida e de ter cumprido aproximadamente um centésimo do caminho, meu corpo já estava doendo mais do que nunca. Se tivesse que escolher entre aquela prisão malgaxe e isto, teria facilmente me colocado em posição fetal no chão daquela sala de interrogatório sem pensar duas vezes.

NÃO ESTAMOS NEM PERTO

Aquele era meu momento de dúvida. Meus pés pararam de se mexer e, por um milésimo de segundo, pensei: "Não, não vai rolar. Vou descansar aqui mesmo por algumas horas e então voltar quando estiver recuperado ou vou ficar no acampamento base quando chegarmos lá". Enquanto me perdia nesses pensamentos e sonhava com cobertores, uma fogueira e chocolate quente, a voz do Brandon interrompeu minha serenidade: "Vai se foder, seu molenga! Não estamos nem perto do acampamento base. Mexa essa sua bunda gorda!".

Toda vez que eu diminuía o ritmo, Brandon me sacaneava dessa maneira. Alguns podem interpretar seu comportamento como motivador; outros, com o de um babaca. Até hoje, não tenho muita certeza de qual opção escolher. Novamente, tudo envolve a sua perspectiva, e o importante é que ele me manteve em movimento. É isso que grandes equipes fazem — e esta equipe, composta por mim, Brandon e outro piloto da Força Aérea amigo de Brandon, chamado Colby, era lendária.

Brandon me ensinou como usar uma técnica de escalada chamada *rest step* (passo de descanso). Ela me permitiu usar cerca de metade da energia para dar um passo completo. Isso pode parecer uma coisa pequena, mas eu já estava exausto antes mesmo de começarmos, então aquele pequeno conselho provavelmente me salvou.

Em um certo ponto, eu disse a Brandon e Colby para seguirem em frente, e eu os encontraria no acampamento base em mais ou menos uma hora e meia. Colby foi na frente, mas o Brandon ficou comigo até estarmos a cerca de trinta minutos do acampamento. Foi aí que ele acelerou e seguiu na frente para começar a montar as coisas.

Cerca de quinze minutos após ele ter disparado, uma forte tempestade de neve começou a se aproximar. Pense em como é difícil dirigir um carro em uma nevasca, mas tire o aquecedor, adicione uma mochila de 23 quilos às suas costas e entenda que, se der um passo em falso, provavelmente despencará em uma fenda gigante direto para a morte certa.

Enquanto o prólogo daquela tempestade atingia meu rosto com flocos minúsculos de neve e lascas de gelo, eu pensava que tinha de acelerar o ritmo ou morreria antes de chegar ao acampamento base. Pior do que a morte, eu pareceria um bebezão na comparação com meus amigos. Com esses pensamentos rodeando meu cérebro semicongelado, eu me apressei mais e mais, até que cheguei ao acampamento um pouco antes de a tempestade me atingir com toda a força.

ACAMPAMENTO BASE

Quando terminamos de montar as barracas, planejamos iniciar a subida ao cume à uma da manhã. Isso significava que teríamos cerca de três horas de sono antes de prosseguir. Porém, levando em conta minha vagarosidade, Brandon e Colby decidiram que deveríamos sair um pouco antes, à meia-noite, o que nos daria um total de cerca de duas horas de sono entre a já exaustiva subida ao acampamento base e as próximas dez horas de escalada.

Não tenho certeza se algum de nós dormiu mais do que uma hora naquela noite. Pra começar, estava muito frio. Além disso, meu corpo estava passando pela agonia mais severa que já tinha sentido em toda a minha vida. Enquanto meus músculos latejavam e minha pele congelava, minha mente começou a rever as opções.

Por outro milésimo de segundo, pensei em ficar no acampamento base, mostrando o dedo do meio para Brandon e Colby quando eles tentassem me obrigar a me mexer novamente. Então, voltaria a dormir todo contente pelas próximas dezesseis horas — se não congelasse antes. A outra ideia era apenas caminhar de volta e dar o fora dali. Admito que as duas opções pareceram atrativas de início, mas aí tive o momento "venha para Jesus" de que precisava.

Ponderei comigo mesmo: "Ben, você pode morrer nesta montanha hoje à noite. Isso não é uma piada, seu imbecil. Seu corpo está completamente destruído neste momento e você não chegou nem a um quinto do caminho até o cume. Você sabe que tem um ego gigantesco e que tem que provar algo para si mesmo o tempo todo, mas isso é coisa séria. Esse desafio em particular, vale a pena arriscar a sua vida por ele? Essa coisa aleatória para a qual você nem se preocupou em treinar muito seriamente — ela vale a pena?".

Foi então que percebi que não se tratava só daquilo. A montanha era apenas uma metáfora. Eu disse que a escalaria. Se desistisse no acampamento base, de que outra coisa com a qual já tinha me comprometido eu desistiria também?

Em dado momento daquela noite, provavelmente em um estado semiconsciente entre sonho e morte, aceitei a minha decisão. Aceitei que poderia morrer ao tentar subir aquela montanha, mas pelo menos não teria que ficar bravo comigo mesmo por ter desistido.

De algum modo, depois que concluí que realmente não tinha outra escolha, o resto da noite foi um pouco mais pacífico.

Eu iria até o cume ou morreria tentando.

CHEGAR AO CUME OU MORRER

"Galera", eu disse, "vou com vocês. Vou chegar ao cume dessa montanha". Preparamos as nossas mochilas com o mínimo possível de coisas antes de sair do acampamento base e começamos a subir em direção ao cume do monte Rainier. Brandon reagiu ao meu otimismo com seu jeito engraçadinho de sempre: "Bom pra você, mas não estamos nem perto".

"Que babaca!", sussurrei comigo mesmo.

As dezesseis horas seguintes foram as mais difíceis da minha vida, mas persisti, dando um passo de cada vez. Caminhar a mais de quatro mil metros de altura em terreno plano durante uma nevasca já teria sido difícil, mas ainda ter de escalar em plano quase vertical, isso testou meus limites de uma forma que nunca imaginei que seria física e mentalmente possível.

Meu rosto era continuamente atingido por neve e gelo. Fazia calor e frio ao mesmo tempo, porque, embora atingidos por uma nevasca, estávamos seguindo para muito mais perto do sol. Meu corpo não estava apenas destruído por causa do cansaço, mas também se tornava mais fraco de tanto suar frio.

Após algumas horas, pensei comigo mesmo: "Não há maneira de eu conseguir fazer isso. Vou morrer aqui". Não era de grande ajuda que Brandon me lembrasse o tempo inteiro: "Cara, não estamos nem perto". Aquele puto ficou repetindo isso até estarmos a cerca de trinta segundos do cume.

Outro desafio durante a subida — que poderia facilmente ter matado qualquer um de nós — eram as rachaduras no meio da geleira, que formavam fendas de 60 a 150 metros de profundidade. Nós tínhamos que tomar distância e saltar sobre elas. Passamos por cinco ou seis delas, e cada uma representava um momento aterrorizante. Um passo em falso — uma escorregada, um tombo ou um salto mal calculado — e a escalada acabaria ali mesmo. De fato, foi exatamente isso que aconteceu com alguém mais cedo naquele mesmo dia.

Aparentemente, alguém tinha tentado descer a montanha rápido demais, caiu em uma dessas fendas e morreu. Só fomos saber disso mais tarde naquele dia, então nós saltamos sobre seu cadáver na subida da montanha — estimulante, eu sei.

Durante a primeira parte da subida depois da nossa parada no acampamento base, vimos alguns alpinistas dando meia-volta para descer. Eles nos disseram que alguns deslizamentos de pedras estavam acontecendo na área. Havia pessoas demais na montanha e aquilo fez com que algumas pedras rolassem morro abaixo, o que não era muito favorável a uma subida segura.

Falei com algumas das pessoas que estavam descendo. A maioria me disse que treinara por anos para fazer aquela viagem. Foi incrivelmente triste para mim que essas pessoas tenham desistido de um sonho porque, física ou mentalmente, atingiram seus limites. Lembro de pensar comigo mesmo o quão difícil seria para elas viver com aquilo depois.

A ideia de que pessoas que treinaram tão duro e por tanto tempo para aquele dia estavam dando meia-volta mexeu seriamente com meu estado mental. Só tinha treinado por algumas semanas e já tinha aceitado o fato de que poderia morrer. Mas agora eu estava começando a considerar a morte uma possibilidade cada vez maior.

Nunca expressei nenhum desses sentimentos em voz alta, mas de vez em quando eu perguntava: "Já chegamos?" — como uma criança de oito anos em uma longa viagem de carro no banco traseiro do carro dos pais. Brandon nunca mudou sua resposta. De maneira previsível, ele respondia como sempre: "Cara, nós não estamos nem perto". Eu sentia uma punhalada no coração toda vez que ele dizia isso, e, quanto mais seguíamos, mais queria esganá-lo por causa disso.

Por fim, chegamos a um importante ponto de marcação que indicava estarmos a cerca de meia hora do cume. Foi então que tiramos as mochilas das costas e fizemos uma pausa para descansar um pouco. Eles me disseram para não dormir, pois naquela altitude você corre o risco de sofrer do que chamam de *snow nap* (cochilo na neve): basicamente, um cochilo do qual você não acorda, porque seu corpo se torna muito deficiente de oxigênio.

Depois de concordar que já tínhamos descansado o bastante, olhamos uns para os outros e dissemos: "Vamos nessa". Então, começamos a etapa final da nossa subida.

Cerca de três minutos antes de atingirmos o cume, eu me dei conta: "Puta merda, nós vamos realmente chegar ao topo do monte Rainier".

Não sou muito chorão e não gosto de admitir que, às vezes, sou levado às lágrimas, embora seja raro. Porém, quando nós chegamos ao cume, não pude me segurar mais.

Senti uma mistura única de emoções, uma mescla de conquista, exaustão e alegria que resultou em uma explosão de energia que me fez meio chorar, meio gargalhar. Uma sensação de orgulho interior me consumiu, eu tinha levado minha capacidade física e mental para muito além do que poderia sonhar. Foi um feito incrível, mas que nunca teria acontecido sem a construção daquela equipe vencedora.

UM POR TODOS E TODOS POR UM

Todos apoiamos uns aos outros ao longo do caminho. Embora eu desesperadamente quisesse estrangular Brandon toda vez que ele mandava seu mantra — "Nós não estamos nem perto" —, eu sabia que ele apenas estava tentando me motivar, com seu próprio jeito esquisito.

Sem um nível extremamente alto de trabalho em equipe, nunca teríamos chegado ao cume. Nossas mãos ficaram tão geladas que tivemos que ajudar uns aos outros em tudo. Nós fervemos água juntos, alimentamos uns aos outros e formamos uma conexão incrível que nunca mais será quebrada. Foi uma missão em que não deixamos ninguém para trás. Se um de nós morresse no caminho, teríamos arrastado o cadáver até o topo e trazido de volta para a base da montanha.

Confiança e lealdade foram testadas ao máximo nessa missão. O fracasso não era uma opção, e nós forçamos os limites uns dos outros para atingir nosso objetivo.

Lição essencial nº 11: *Não importa se você está escalando uma montanha ou gerenciando um negócio, se houver o mesmo nível de trabalho em equipe, o sucesso é inevitável. Se todos estão se esforçando para atingir o mesmo objetivo e se dispõem a morrer por ele, seus limites verdadeiros estão muito mais distantes do que você jamais imaginou.*

Capítulo 9

DESCONECTE-SE PARA RECONECTAR-SE

A grande ameaça ao nosso planeta é acreditar que outra pessoa vai salvá-lo.

— **ROBERT SWAN**
(Explorador e autor reconhecido mundialmente)

Até onde sei, não há um emoji para descrever a sensação de se chegar ao topo do monte Rainier. É uma sensação como nenhuma outra que eu já tivesse experimentado, mesmo com todas as minhas viagens e aventuras pelo mundo. Na verdade, não sei tampouco se há um sentimento parecido ao que se experimenta quando se faz uma curva que desafia a morte no Gorman Canyon ou quando se passa um fim de tarde em uma sala de interrogatório de uma prisão malgaxe.

São experiências que você não vai conseguir em um smartphone, tablet ou laptop. É preciso estar presente nos acontecimentos da sua vida para apreciar a beleza, o medo e a excitação de cada um deles. Como sociedade, sinto que todos nos tornamos conectados demais a esses aparelhos, os quais carregamos conosco o tempo todo. A maioria de nós está muito ocupada esperando pela próxima mensagem de texto, notificação ou alerta de mídia social para de fato apreciar o entusiasmo do momento atual.

Nem todo momento será repleto de conquistas ou de felicidade extrema, mas cada um deles pode ser lindo do seu próprio jeito. Como você se sentiria se perdesse os primeiros passos do seu filho porque estava mandando uma mensagem de texto? Estrelas cadentes podem ser uma visão maravilhosa, mas você nunca saberá disso se estiver muito ocupado com seu telefone para olhar para a beleza do céu noturno em uma noite clara. Mais importante, o que aconteceria se eu estivesse jogando *Candy Crush* no meu iPhone naquela prisão malgaxe quando nosso parceiro de plantação Josy passou pela janela? Você não estaria lendo este livro e eu provavelmente estaria preso em condições indescritíveis com quinze outros caras, dividindo uma sala de 1,5 x 1,5 m com um único banheiro e dois colchões sujos e nojentos. Devo mencionar os ratos e insetos que estariam competindo conosco por esses colchões? Ou, se tivesse sorte, estaria morto.

Sempre soube que havia mais na vida do que a interação eletrônica constante, mas isso nunca ficou mais óbvio para mim do que durante minha recente expedição à Antártida.

UMA MUDANÇA CONTINENTAL NA MENTALIDADE

Várias pessoas podem dizer que já estiveram em seis continentes. Seis é fácil. Há pelo menos uma localidade em cada um dos seis que é incrivelmente interessante de conhecer e há voos diretos indo e vindo de lá todos os dias e noites.

Mas o sétimo continente — Antártida — é mais complicado de alcançar. É o nosso continente mais ao sul, considerado o maior deserto do mundo por causa da falta de precipitação. É também o único continente que eu não tinha visitado até recentemente, quando um explorador mundialmente conhecido, Robert Swan, me convidou para me juntar a ele em uma expedição de um mês.

"Puta merda!" foram as duas palavras que inicialmente saíram da minha boca quando Robert me convidou para uma expedição à Antártida com ele. "Porra, claro!" foram as duas seguintes. Robert me disse que adorava a missão da minha empresa de plantar árvores em todo o mundo e queria que eu fosse para a Antártida com ele para vivenciar a serenidade e a beleza do sétimo continente. Além disso, eu também trabalharia com a sua equipe de pesquisadores e cientistas em ideias para *salvar a Antártida*.

Você tem que ver a Antártida para crer. Quando nós chegamos, senti como se estivesse em uma terra mítica. Vi pinguins andando por todo lado em volta da gente, geleiras gigantes surgindo em torno do nosso navio como arranha-céus da cidade de Nova York e focas deitadas de lado com suas cabeças levantadas, olhando pra gente, como se dissessem: "Que porra vocês estão fazendo aqui?".

A neve era de um branco puro. Sei o que você está pensando: "Dã, Ben, a neve é branca mesmo". Mas era um tipo de branco diferente, que quase nos cegava em sua pureza. Eu me sentei nessa neve e vi geleiras gigantes flutuando nas águas ameaçadoramente azuis. Completamente embasbacado e boquiaberto, tentava absorver toda aquela serenidade do momento. Nem preciso dizer que meu smartphone era a última coisa que eu tinha em mente.

SER HUMANO

Depois dos primeiros quatro ou cinco dias daquela viagem, notei que me sentia incrivelmente próximo de todas as pessoas que estavam lá comigo. Era um sentimento estranho, porque nos conhecíamos por tão pouco tempo, mas eu sentia como se todos já fossem meus melhores amigos. Na realidade, senti como se conhecesse aquelas pessoas em um nível mais profundo do que muitos de meus amigos em casa.

Ao fazer um diário sobre a minha experiência com essas pessoas, tive uma epifania sobre a razão de termos ficado tão próximos: não havia nada para nos distrair. Caso você esteja pensando a respeito, não há sinal de celular na Antártida, então não há como fazer check-in do Polo Sul no Facebook. Mesmo o sinal de telefone por satélite era, na maior parte do tempo, inútil.

Em vez de ficar olhando atentamente para o brilho da tela de um iPhone quando sentávamos para fazer as refeições, nós conversávamos. E não falávamos apenas sobre a expedição. Eu tinha passado por grandes mudanças em meus relacionamentos amorosos nos últimos tempos, e me senti surpreendentemente confortável ao falar sobre elas, em detalhes, com essas pessoas. Ao mesmo tempo, outras duas ou três também se abriram e falaram sobre suas próprias vidas pessoais. Em um instante, todos estávamos compartilhando vulnerabilidades em comum, e com uma abertura tão honesta que foi revigorante. Mantínhamos conversas do tipo que você normalmente tem com um melhor amigo de dez anos.

"Puta merda!", pensei. "E se todos os nossos relacionamentos em sociedade fossem abertos assim e livres de distrações? Se um grupo de estranhos podia estabelecer uma conexão tão forte em duas semanas, o que aconteceria se nós todos nos livrássemos de nossos smartphones e tablets?".

Nossa sociedade se tornou tão superestimulada devido à interação eletrônica constante que a maioria de nós esqueceu como se mantém um diálogo significativo com os outros. As pessoas mal telefonam umas para as outras hoje em dia. Em vez disso, enviamos mensagens cheias de abreviações, como CTZ, FLW, PFV, VDD ou SQN. As abreviações simbolizam quão empobrecida nossa comunicação com os outros se tornou. Elas significam que não temos tempo suficiente nem para usar palavras de verdade quando conversamos uns com os outros.

Minha experiência nessa viagem fez com que eu considerasse a ideia de fechar todas as minhas contas em mídias sociais e virar um total homem das cavernas no mundo. Se eu tivesse ficado na Antártida por tempo suficiente, talvez tivesse abandonado a eletricidade e o encanamento doméstico também, mas não chegou a tanto.

EQUILÍBRIO

Depois de múltiplos registros no diário abordando essa revelação, decidi por fim que o equilíbrio era a chave para se manter uma interação humana na Era Tecnológica.

Desenvolvi meu negócio graças à tecnologia, então seria hipócrita se criticasse os dispositivos eletrônicos depois disso. Certo grau de interação digital é necessário na sociedade moderna. Conforme examinava o valor da tecnologia tão profundamente quanto podia, também percebi que posso usá-la para fazer o bem. Ao disseminar, via redes sociais, a ideia de plantar árvores e o valor de um modelo de negócios socialmente consciente, posso atingir muito mais pessoas do seria possível na era pré-internet.

Ao equilibrar o uso da tecnologia com interação humana verdadeira, posso ter o melhor dos dois mundos. Não deixei as mídias sociais, tampouco joguei meu iPhone em uma lixeira de material reciclável. Em vez disso, configurei meu aparelho para só emitir notificações de ligações. Desta maneira, nada mais me tiraria do momento presente. As chances de ocorrer interrupções no meio de uma conversa significativa da qual eu esteja participando agora são muito menores. O telefone não toca nem vibra a todo momento mais, então não sou desligado do momento presente.

No momento em que redijo estas linhas, passaram-se dez meses desde que voltei da Antártida e adotei esse equilíbrio mais sensato entre tecnologia e humanidade. Já consigo sentir mais proximidade em meus relacionamentos. Minhas conversas com amigos, familiares e colegas de trabalho estão mais produtivas e significativas do que nunca. Posso olhar as pessoas nos olhos, falar com elas e escutá-las com mais atenção.

Tenho apenas 29 anos, então passei a maior parte da minha vida adulta usando tecnologia todos os dias, o tempo todo. Isso significa que tenho dificuldade com a ideia de equilíbrio. Estou tão habituado a usar dispositivos eletrônicos que mesmo com a forte determinação de me desconectar para me reconectar, ainda tenho que me esforçar às vezes. Estou mais inclinado a ignorar mensagens de texto e notificações, mas ainda verifico meus e-mails com frequência demais. É um trabalho em andamento, mas acho que no final valerá a pena.

Lição essencial nº 12: *Especialmente quando estiver iniciando o seu negócio, você precisa assegurar-se de ter um tempo livre para se desconectar e espairecer. Ao fazer isso, talvez uma vez por semana, você poderá se entregar mais completamente ao seu negócio e aos seus funcionários.*

O fato de eu me desconectar para me reconectar tem sido um exercício valioso para mim. Sem isso, minha empresa não existiria, este livro não teria sido escrito e meu cérebro e meu corpo estariam exauridos.

O DESAFIO DO ELEVADOR

Você está interessado na ideia de se desconectar para reconectar-se?

Se não estiver, apenas pule para a próxima seção. Sem ressentimentos, pode acreditar. Porém, se estiver, continue lendo, pois tenho um pequeno desafio para você.

Prepare-se, jovem Jedi da tentativa de desconexão, para o Desafio do Elevador.

Na próxima vez em que você estiver em um elevador lotado, com cinco ou mais pessoas, olhe à sua volta. Tenho certeza de que cerca de 90% dessas pessoas estarão de olho nos seus respectivos telefones. Aqui está a melhor parte disso: um elevador é basicamente uma jaula de metal que sobe e desce entre paredes feitas de metal espesso. A menos que seja um tipo de elevador mágico, nenhum sinal de celular pode penetrar aquela caixa, porque ela é essencialmente uma gaiola de Faraday gigante. Isso significa que as pessoas estão olhando para os seus telefones sem que haja razão.

Se prestar atenção de verdade, verá que estou dizendo a verdade. As pessoas abrem os seus telefones e ficam só rolando a tela, sem nenhum propósito em particular — já que não pode haver, uma vez que não há a porra do sinal!

Por que diabos todo mundo faz isso no elevador se os telefones não estão funcionando? A resposta é simples: elas querem evitar contato humano. A maioria das pessoas no ambiente eternamente eletrônico de hoje prefere olhar para uma tela brilhante que não faz absolutamente nada do que iniciar uma conversa real com outro ser humano.

Na próxima vez que estiver nessa situação, meu desafio a você é: quebre o silêncio e faça um elogio a outra pessoa no elevador. Não aja de modo esquisito nem rude, obviamente. Apenas diga: "Ei, que sapatos legais, cara" ou "Ei, adorei essa camisa".

O mundo precisa das suas ideias, mas o mundo também precisa de mais interação humana. Não tenha medo de ajudar um amigo que está em necessidade ou fazer um elogio a um estranho. Talvez você tenha alguma ideia que ajude as pessoas a interagir umas com as outras de maneira mais saudável. Talvez você tenha uma ideia que ajude as pessoas a se tornarem mais conscientes e a viverem no presente. Talvez tenha uma ideia que poderá criar uma organização de voluntários mundialmente impactante. Todos temos o poder de fazer deste mundo um lugar melhor, mas temos que passar da ideia para a execução em algum momento, e o momento é agora. É por esse motivo que eu sabia que tinha que escrever este livro.

EURECA NA IOGA

Um equilíbrio saudável entre tecnologia e interação humana envolve mais do que desligar as notificações do celular. Há atividades que fomentam uma presença mais consciente, como a prática de exercícios, meditação e ioga. Escolha alguma que funcione para você e se dedique a ela.

Faço uma hora de ioga por dia para me ajudar em minha busca por equilíbrio. Desligo meu telefone e curto o exercício no presente. Durante uma dessas sessões tive um momento "eureca". Percebi que estava fazendo coisas demais nos meus negócios. Estava envolvido em tudo, das atividades de operação às de vendas e passando pela produção, e eu tinha que mudar isso.

Embora a empresa estivesse prosperando, ocorreu-me que a situação chegaria a um ponto crítico mais cedo ou mais tarde, porque eu não estava permitindo que as pessoas se desenvolvessem. Por fazer tudo sozinho, estava inadvertidamente dificultando o crescimento dos demais empregados e impondo uma séria limitação à longevidade do negócio.

Tão logo encerrou-se a aula de ioga, tracei naquela noite mesmo um plano para deixar alguns aspectos do negócio sob responsabilidade de outras pessoas capazes e leais, nas quais confiava completamente.

Na manhã seguinte, contratei uma pessoa para ser presidente da empresa e comuniquei a toda a equipe que eu me afastaria, deixando que elas levassem suas carreiras e a empresa ao próximo patamar. Eu me concentraria exclusivamente nas questões de alto nível, como aquisições, compromissos públicos e escrever este livro.

Até agora, os resultados desse empoderamento têm sido extremamente promissores. Por isso, sou eternamente grato por aquele momento "eureca". É a prova de que você não precisa ir à Antártida para ter inspiração: ela está à sua volta. A inspiração pode ocorrer em uma jornada de dois meses ao Polo Sul ou durante uma aula de uma hora de ioga, mas você tem que estar focado o suficiente para a ideia se desenvolver. Se está muito ocupado em acompanhar a constante chuva de mensagens de texto e a agitação das mídias sociais, a ideia pode nunca se desenvolver de verdade, e você não apenas perderá, como o resto do mundo também.

Capítulo 10

ESPERO QUE VOCÊ GOSTE DE SI MESMO

Uma jornada de mil milhas começa com um único passo.

— LAO TZU
(Filósofo e escritor chinês)

Tenho a impressão de que algumas pessoas acham que empreendedorismo é um estilo de vida envolto em networking e graças ao qual você está sempre criando ligações poderosas, com todo mundo querendo conhecer e estar com você. Esse certamente não é o caso. Ser dono de um negócio nem sempre é tão glorioso como conquistar o monte Rainier com uma equipe de estrelas ou tão inspirador como uma jornada à Antártida ao lado de um explorador mundialmente famoso. A verdade é que, às vezes, a viagem pode seguir por caminhos remotos, obscuros e solitários. Você tem que se perguntar se está pronto para isso.

DORMIREI QUANDO MORRER

Como pode imaginar, o dinheiro era curto nos primeiros dias do meu negócio. Meu jantar consistiu várias vezes de feijão e atum enlatados, e tínhamos que economizar em várias de nossas despesas operacionais. Lembro de uma ocasião em que alguns dos nossos documentos jurídicos precisavam ser conferidos, mas não tínhamos dinheiro pra contratar um advogado. Havia centenas de páginas para ler e assinar. Sabe o que acontece quando você tem um negócio e não pode pagar alguém pra fazer esse tipo de coisa? Você mesmo faz.

Eu me tranquei em uma sala e não dormi por três dias. Parece glorioso pra você? Esses momentos são incrivelmente solitários e ocorrem com muita frequência em cada etapa do crescimento de um negócio. Não tive escolha, porque ninguém mais faria o trabalho. Precisávamos assinar aqueles documentos jurídicos para fazer um lançamento com nosso primeiro distribuidor em mais de quinhentas livrarias.

Não era apenas uma questão de assinar na linha pontilhada. Eu precisava entender o que aqueles documentos realmente queriam dizer. Lembra do que aconteceu quando pensei que havíamos vendido um bazilhão de unidades em lojas de departamentos? Se tivesse sido mais cuidadoso, teria percebido que aquela negociação envolvia um contrato de consignação e poderia ter evitado o lugar remoto, obscuro e solitário que se apresenta diante da alta possibilidade de um fracasso catastrófico.

Acho que perdi o casamento de um amigo no fim de semana que passei mergulhado naquela bagunça jurídica, mas não tinha escolha. Foi uma experiência solitária, que me fez perder horas de sono, mas tinha que enfrentá-la para fazer o meu negócio chegar ao próximo patamar. Mais uma vez, lembrei-me da razão de estar fazendo aquilo, do meu *porquê*. Se fosse apenas para ganhar dinheiro, provavelmente teria rasgado toda aquela papelada, ido ao casamento do meu amigo e me divertido pra valer.

Bem, mas agora as coisas não são mais assim, certo?

Na verdade, são. Depois daquilo, provavelmente passei por uma centena ou mais de momentos tão divertidos quanto. Na verdade, neste exato instante eu poderia estar praticando *mountain bike* com algum amigo. Mas, em vez disso, estou escrevendo este livro, porque ele significa muito pra mim e é parte da minha missão de mudar o planeta. Isso deve significar muito pra mim, porque amo praticar *mountain bike*!

Assim como eu disse para mim mesmo que escalaria o monte Rainier, também disse para mim mesmo que escreveria este livro, então era tudo que tinha que ser dito em minha mente. Não se trata da habilidade de se fazer algo, mas sim do compromisso de fazê-lo. Entretanto, estou muito empolgado com o lançamento do livro, portanto, escrevê-lo nem de longe é ruim como mergulhar em centenas de páginas de caos jurídico. Claro, não é tão empolgante como praticar *mountain bike*, mas poucas coisas são, na minha opinião.

Essa é a vida de um dono de empresa. Sempre que surge uma situação da qual ninguém vai cuidar, você será essa pessoa, e quanto mais seu negócio cresce, mais solitário você ficará.

Minha experiência no monte Rainier serve como uma boa metáfora aqui também. Havia muito menos alpinistas no cume daquela montanha do que na base. É a mesma coisa nos negócios. Quanto mais seu negócio cresce, mais pessoas você encontrará que desejam estar com você pelo dinheiro e nada mais. Nos primeiros dias, pode haver poucas ocasiões em que você necessite de gente disposta a virar a noite, mas, conforme o negócio atinge níveis mais elevados, você terá círculos cada vez menores de amigos de confiança com os quais pode realmente contar para tudo.

O ROMPIMENTO

Passei a aceitar que existe um certo nível de solidão inerente à jornada empreendedora. Mas nunca havia me sentido tão sozinho e vulnerável emocionalmente quanto me senti em uma viagem à Arábia Saudita, uns anos atrás.

Aquela viagem ocorreu durante um momento extremamente problemático em minha vida pessoal. Eu estava namorando há cerca de dois anos, já tinha comprado a aliança e estava pronto para me casar. Sentia que sabia o rumo que nossa vida em comum estava seguindo. Então, como um murro inesperado recebido pelas costas, veio o rompimento. A desintegração de todos os planos que havíamos feito juntos acabou comigo. Perdi o chão e não sabia para onde ir.

O rompimento me deixou em um estado mental completamente fodido. Mas não sou do tipo de pessoa que fica muito tempo remoendo alguma coisa. Em geral, tento me manter em um estado mental positivo. Há muitas coisas incríveis para fazer e muitos lugares fantásticos para ver neste mundo, então não vale a pena passar muito tempo em estado improdutivo. Contudo, a tristeza e a frustração me consumiram por algum tempo, e me fechei mentalmente. Eu tinha investido tempo e energia naquele relacionamento, achando que daria tão certo quanto meu negócio, mas não foi o que aconteceu. O mais difícil era aceitar a ideia de que eu tinha colocado 110% do meu esforço naquilo e não foi suficiente. Por isso, comecei a pensar que eu é que não era suficiente.

ACEITE SUAS VULNERABILIDADES

Faz parte da natureza humana vestirmos essa máscara de invencibilidade para fingir que nada nos incomoda. Bem, isso é besteira, se me permitem dizer. Não levo a sério livros de empreendedores que deem a entender que nunca tiveram dificuldades em relacionamentos, decisões empresariais ou qualquer outro assunto. Deixo isso para os contos de fadas, não para um livro de verdade com lições verdadeiras e valor verdadeiro.

Fiz um esforço especial durante a redação deste livro para falar sobre algumas coisas com as quais lutei intensamente em minha vida e em meu negócio. Por exemplo, fracassei quando negociei aquelas capas com grandes redes no começo. Não tenho desculpas, foi um fracasso que me colocou em um lugar ruim por um tempo. Mas quer saber? Lido bem com isso.

É provável que eu tenha sido excessivamente inocente quando supus que Trish daria o dinheiro para mim e para Kevin sem que houvesse qualquer consequência posterior. Mas tudo bem também, porque aprendi muito com a experiência.

Porém, quando esse relacionamento acabou, fiquei arrasado. Por quê? Porque sou humano e a dor também me afeta, seja ela de natureza emocional ou física.

No entanto, não acho que esses episódios demonstram fraqueza, mas a minha humanidade. Ao expor nossas vulnerabilidades — como humanos —, nós nos tornamos mais fortes, não mais fracos. Quando aceitamos nossas vulnerabilidades humanas, ninguém pode nos impedir de chegar mais e mais longe. David Goggins fala sobre isso no livro em que narra sua história real e épica, *Can't Hurt Me* ("Não pode me machucar"). Leia-o, caso deseje receber conselhos inspiradores ou apenas um lembrete rápido de que aceitar a vulnerabilidade de nossa humanidade nos torna mais fortes do que tudo.

UMA SITUAÇÃO ARENOSA

Enquanto tentava lidar com o término daquele relacionamento, decidi viajar para a Arábia Saudita com minha boa amiga Nanxi e dois outros empreendedores. Foi uma tentativa de quebrar a rotina, afastar-me um pouco e fazer um exame de consciência — porque não há lugar melhor para um retiro mental relaxante do que um país instável do Oriente Médio que exige de quem deseja visitá-lo uma aprovação do governo dos Estados Unidos, o preenchimento de um formulário com "razão para viajar" emitido pelo governo saudita e a assinatura de um diplomata saudita aprovando o ingresso.

A oportunidade para o exame de consciência me atingiu no rosto bem forte um dia. Decidi alugar um veículo fora de estrada para poder dirigir na areia e visitar dunas que ficavam a cerca de três horas de onde estávamos hospedados. Parecia uma coisa um tanto inofensiva de se fazer — se eu estivesse nos Estados Unidos e houvesse uma cidade por perto —, mas não foi o caso.

As dunas ficavam distantes da civilização, eram da areia mais pura e criavam uma paisagem incrível. Conforme ia passando por essas incríveis massas de areia, não havia nada nos arredores além de dunas e mais dunas. Depois de dirigir por cerca de trinta minutos, meus pneus começaram a perder tração. Provavelmente atingira um terreno mais instável, e os pneus afundaram um pouco onde a areia não estava tão firme. Tentei manter a calma, mas sabia que estava no meio do nada. Não era uma área pela qual outros carros passavam regularmente, então, se eu atolasse, poderia ficar preso por muito tempo.

Por ser um grande fã de quadriciclos e ter uma boa noção de suas funcionalidades, imaginei que o veículo talvez tivesse um modo para direção em terrenos arenosos — e tinha. Mantendo a calma, a tranquilidade e a serenidade, acionei o modo para direção em terreno arenoso, que basicamente alivia a pressão dos pneus para permitir que desatolem e saiam de quase qualquer situação como essa. Infelizmente, essa foi uma das raras ocasiões em que o artifício não funcionou.

Quanto ao clima, era um dia típico da Arábia Saudita, o que significa cerca de 37°C, longe do ideal para uma caminhada de dez a doze horas de volta à civilização. Estava tentando decidir se arriscaria sofrer uma insolação ou quem sabe o velho derrame em tal caminhada no deserto ou se esperaria no veículo algum outro idiota que também decidira ir até lá.

Naquele momento, lembrei de algo que meu primo Mike costumava dizer: "A vida é uma estrada cheia de pedras. O bom é que temos pneus grandes". Como um lunático, ri alto quando pensei nessas palavras. Mentalmente, estava preso porque os pneus do meu estado emocional não eram grandes o suficiente para eu sair do buraco aberto pelo relacionamento estilhaçado. Fisicamente, estava preso porque os pneus de verdade daquela merda de veículo que aluguei não eram grandes o suficiente para sair dos buracos na areia.

Decidi esperar no veículo por um tempo. A ideia de uma caminhada de dez horas no calor infernal do deserto da Arábia Saudita era tão atrativa como a de tentar escalar pelado o monte Rainier. Para tornar a experiência melhor, só se Brandon estivesse lá me enchendo o saco o tempo todo: "Cara, nós não estamos nem perto".

O PODER DE ESCREVER UM DIÁRIO

Foi então que peguei meu diário e comecei a escrever. Fiz isso por cerca de meia hora e comecei a me sentir bem melhor quanto à minha situação pessoal. Colocar toda a minha bagagem emocional no papel sempre foi para mim uma experiência catártica, e desta vez não foi diferente.

Então, comecei a folhear as páginas anteriores para reler textos velhos de anos atrás. Comecei a notar coisas em comum entre os textos mais antigos e os mais recentes. As situações eram diferentes, mas eu usava muitas das mesmas palavras para descrever meus sentimentos. O que não podia superar, entretanto, era o fato de que minha mentalidade tinha se elevado cerca de dez níveis desde que eu escrevera os textos mais velhos no diário, mas ainda assim eu estava passando pelo mesmo turbilhão emocional por causa de um relacionamento que não deu certo.

Ao dissecar mais profundamente esses textos mais antigos, percebi que minha mentalidade elevada sempre encontrou uma forma de me resgatar de qualquer batalha pessoal que estivesse enfrentando. Experimentei uma paz de espírito tremenda naquele dia, sentado no capô do carro atolado e percebendo que eu tinha a capacidade mental de superar qualquer situação, fosse ela qual fosse: dezenas de milhares de unidades não vendidas, um processo de 1,5 milhão de dólares, uma detenção injusta em uma prisão malgaxe ou um atolamento numa porcaria de duna de areia no Oriente Médio. Uma grande tranquilidade invadiu meu corpo esturricado pelo sol enquanto lia aquelas páginas, e eu soube que sairia daquele buraco de merda de um jeito ou de outro.

Cerca de 45 minutos depois, imaginei ter visto um jipe à distância. Lembrei de todos aqueles filmes antigos nos quais as pessoas ficam presas no deserto e começam a alucinar. Eu esperava desesperadamente que não tivesse visto uma miragem, mas também ponderei que talvez os caras naquele jipe não fossem muito amigáveis, então talvez fosse melhor ser uma miragem.

Mas, é claro, não fora miragem nenhuma. O jipe encostou perto do veículo de merda que eu tinha alugado e uns caras saíram para investigar a situação. No começo, eles não pareciam muito amigáveis e começaram a dizer coisas que eu não podia entender. Então, começaram a fazer sinais com as mãos, como se estivessem irritados. "Isso não é bom", pensei comigo mesmo. "Sem chance sair de uma segunda prisão no exterior tão facilmente como saí da primeira. Se esses caras tentarem me prender, não há nada que eu possa fazer sobre isso. E Roger não está comigo desta vez".

Fiquei apontando para os pneus e gritando: "Eles estão atolados na areia! Estou preso!" — como se dizer algo em voz alta tornasse mais fácil ser entendido por alguém que não fala o seu idioma (típica mania americana).

Por alguma razão que não pude compreender, de repente eles pararam de falar, baixaram as mãos e foram buscar algumas cordas no jipe para ajudar a me resgatar da areia. Eu não tinha ideia do que havia mudado o humor daqueles caras, mas eles se mostraram boas pessoas. Eu não teria que improvisar minha libertação de uma cadeia estrangeira e tudo estava certo no mundo novamente.

Dei algum dinheiro àqueles caras por me ajudarem e consegui dirigir de volta à estrada principal para então retornar à cidade. Quando cheguei, estava mentalmente muito melhor do que quando saí. O hábito de manter um diário mudou a minha mentalidade. Eu tinha me elevado uma vez mais.

Escrever meu diário sempre foi uma grande parte da minha vida. Isso me ajudou a lidar internamente com várias situações ao longo da minha jornada empreendedora. Ao colocar meus pensamentos no papel e ser capaz de voltar a eles posteriormente, como um lembrete, tenho um ganho de perspectiva. É uma ótima forma de organizar minha bagagem emocional e de crescer como indivíduo e como pessoa de negócios. Em grande medida, é por isso que nós vendemos tantos diários na WOODCHUCK. Eles são feitos para serem levados de volta à natureza pelas pessoas e para que elas possam se conectar com seus pensamentos e sentimentos mais íntimos.

Além de praticar minha fé e aprender com meus incríveis mentores, manter meu diário é a coisa mais produtiva que faço para elevar minha mentalidade e evoluir como pessoa e como empreendedor. Isso me ajuda a permanecer no caminho de me tornar quem quero ser. Fazer um diário também é eficaz para liberar ideias em um fluxo de consciência. Finalmente, é um ótimo jeito de enfrentar aqueles dias no topo em que você está se sentindo solitário.

> **Lição essencial nº 13:** *Se há uma lição que você deve tirar deste livro (bem, espero que haja mais de uma) é: adquira o hábito de fazer um diário. Isso deve ser uma parte ativa do seu dia, semana ou mês. Nota sem vergonha: claro, fica ainda melhor se você comprar um diário da* WOODCHUCK *e usá-lo ao ar livre, na natureza.*

Não há maneira mais poderosa de curar o que estiver te incomodando ou desafiando do que ficar sozinho com seus pensamentos e lidar com eles em um pedaço físico de papel (idealmente, em algum lugar na natureza). Manter um diário pode lançá-lo em uma trajetória que o conduzirá ao futuro dos seus sonhos e milhões de quilômetros além do que você sonha ser possível.

Capítulo 11

GRANDES LÍDERES SABEM QUANDO LIDERAR E QUANDO EMPODERAR

Empoderamento não é só uma palavra da moda entre gurus da liderança. É uma técnica comprovada mediante a qual líderes dão às suas equipes treinamento, ferramentas, recursos e orientação apropriados para que sejam bem-sucedidas.

— JOHN RAMPTON
(Empreendedor e entusiasta de start-ups americano)

    Liderança envolve muito mais do que simplesmente latir ordens para as pessoas e esperar que elas façam um ótimo trabalho. Há momentos, como vimos no capítulo anterior, nos quais você tem que se apresentar, porque ninguém sabe o que deve ser feito. Mas há ocasiões em que cabe a você empoderar outras pessoas com as ferramentas e o conhecimento necessários. Empoderamento é meio que uma forma de arte. Você precisa confiar nas pessoas às quais está delegando autoridade.
    Saber quando liderar e quando empoderar é uma questão difícil. A resposta pode ser diferente para pessoas diferentes. Para mim, é mais um instinto. Quanto mais tempo fui passando no

mundo dos negócios, mais forte foi ficando meu instinto para escolher entre quando empoderar e quando liderar. Normalmente peso as vantagens de dar a um funcionário de confiança uma oportunidade de desenvolver suas habilidades e as potenciais consequências de um eventual fracasso.

Lição essencial nº 14: *Muitas situações pedem um equilíbrio entre liderança e empoderamento. Isso ocorre quando a situação é muito exigente para que qualquer pessoa — mesmo o proprietário do negócio — possa executar o trabalho sozinha. Quando isso acontece, você precisa arregaçar as mangas e trabalhar com a equipe.*

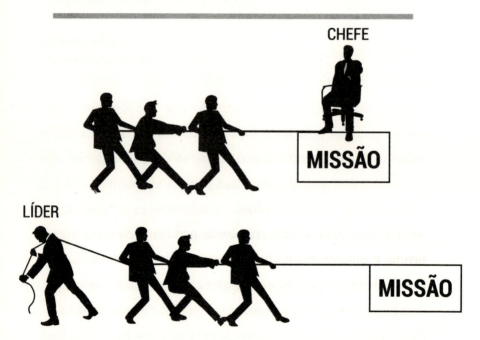

Chefe versus Líder (não me entenda mal, o chefe ainda parece bem confortável).

Nesse caso, você ainda é o líder e dá as ordens, mas também está no chão da fábrica produzindo, junto a todo mundo. Ao mesmo tempo, está empoderando os demais envolvidos para assegurar-se de que estejam fazendo sua parte, dentro de suas habilidades. No final, você espera que os esforços coletivos de uma equipe empoderada e com liderança focada chegue ao objetivo traçado. Quando isso acontece, celebre a conquista junto a todos e garanta que saibam como foram importantes para a conclusão bem-sucedida da tarefa.

Nos dois primeiros anos de existência da WOODCHUCK, nós tivemos uma situação que precisou de um equilíbrio delicado entre liderança e empoderamento. A tarefa em questão exigia um esforço total da equipe e alguém para tomar as decisões certas. Tivemos que completar um pedido grande de algo que nunca fizemos antes em um prazo reduzido.

QUANTAS CAIXAS DE MADEIRA PARA VINHO A WOODCHUCK PODERIA FAZER SE A WOODCHUCK PUDESSE FAZER CAIXAS DE MADEIRA PARA VINHO?

Uma rede de restaurantes encomendou 12 mil caixas de madeira para vinho, um baita pedido para um negócio jovem e em desenvolvimento como a WOODCHUCK. Entretanto, tivemos que resolver determinados problemas sérios de logística, que tornaram a conclusão daquele pedido bem desafiadora:

- Nunca tínhamos feito caixas de vinho antes.
- Eles precisavam que o pedido fosse concluído e enviado em uma semana.
- A WOODCHUCK tinha cerca de dez funcionários para produzir a encomenda inteira, mas não tinha os equipamentos necessários para fabricar caixas de madeira para vinhos.
- Tivemos que achar um jeito de fazer a entrega pessoalmente, a 1600 quilômetros de distância.

Fora isso, tudo bem!

De cara, eu sabia que a empresa inteira tinha que entrar em modo animal. Precisávamos pôr as mãos à obra. Todo mundo teve que remar na mesma direção para cumprir o objetivo único de fabricar, carregar e entregar aquelas 12 mil unidades em menos de sete dias. Nós também precisávamos de alguém na dianteira mostrando para as pessoas o que fazer e como fazer — liderança mediante exemplo. Esse trabalho era meu. Não era tão simples quanto distribuir ordens para todo mundo. Eu tinha que arregaçar as minhas mangas e trabalhar loucamente, como os outros.

Nossa cultura corporativa de incentivar a criatividade e a inovação transpareceu perfeitamente naquela situação. Alguém teve a ideia de construir uma máquina que instalasse dois pregos nas laterais das caixas, o que nos permitia construir uma caixa a cada quinze segundos. Foi uma contribuição monumental à tarefa.

De alguma maneira, conseguimos fazer todas as caixas com um dia de prazo adiantado. Naquele ponto, o único problema era despachá-las para o Colorado a tempo. No dia anterior à data limite do pedido, comprei um trailer, o qual carregamos durante a noite e dirigimos até o depósito do cliente. Foi outra noite sem dormir, porque não havia tempo para descansar. Havia muito dinheiro em jogo e a sobrevivência do negócio dependia de cumprirmos o prazo, então o sono teria que esperar.

Quando chegamos ao Colorado, estávamos exaustos por causa do trabalho e da falta de sono, mas ajudamos os funcionários da rede de restaurantes a descarregar o trailer e a acondicionar as garrafas de vinho nas caixas de madeira. Éramos uma empresa jovem e ambiciosa, e esse é o tipo de coisa que você faz para deixar a concorrência para trás, tendo descansado ou não.

A qualidade do nosso produto, a pontualidade da entrega e o serviço extra na linha de chegada impressionaram o cliente. Eles ficaram deslumbrados com as nossas operações em geral, e eu, extasiado pelo modo como minha equipe se comportou para ajudar a empresa a sobreviver e crescer.

Nada disso teria acontecido se eu não tivesse as pessoas certas e que entendiam o *porquê* de meu negócio se esforçando para atingir o mesmo objetivo e apoiando umas às outras ao longo do caminho. Foi também crucial que, como líder, eu tenha entendido como minha equipe precisava de mim.

O empoderamento total não era a escolha certa porque nós nunca tínhamos feito caixas para vinho antes, então ninguém sabia por onde começar. Uma liderança autoritária tampouco funcionaria, porque nós precisávamos pôr as mãos à obra. Se tivesse permanecido em uma torre de marfim gritando ordens por meio de um interfone, ninguém teria se inspirado o suficiente para criar aquela máquina inovadora que instalava pregos nas caixas. Além disso, ninguém estaria interessado em entregar o trabalho, pois todos se sentiriam muito desconectados da liderança. A equipe provavelmente odiaria a liderança, o que nunca é o cenário ideal.

TUDO BEM DEIXAR OS OUTROS FALHAREM

As coisas nem sempre funcionam tão bem como nesse exemplo. Naquela situação, foi essencial que minha equipe me visse com a mão na massa junto a eles nos esforços de produção. A experiência exerceu um efeito positivo sobre outros gerentes da empresa também, e eles seguiram minha abordagem de liderança pelo exemplo.

Em outras situações, porém, uma abordagem diferente pode ser necessária, mesmo que isso signifique deixar outra pessoa falhar. Por exemplo, cerca de um ano atrás, tivemos na empresa um vendedor cujas responsabilidades envolviam certas tomadas de decisão. Ele teve a ideia de investir mais de 30 mil dólares em um conjunto de presentes para celebridades.

Superficialmente, até parecia uma boa ideia, mas eu sabia que já havíamos tentado fazer algo parecido várias vezes no passado e nunca funcionara. Eu disse isso a ele, mas ele não mudou de ideia. Ele tinha certeza de que desta vez seria diferente. Ele achava que sabia como fazer a coisa funcionar e estava convencido de que daria certo se o deixasse tentar.

Pensei sobre aquilo por um tempo. Não havia como a ideia dele funcionar, mas também sabia que um investimento de 30 mil dólares não nos levaria à falência, então eu disse: "Vá em frente! Mas quero que você registre todo o processo para que possamos repeti-lo se fizer sucesso".

Ao fim e ao cabo, decidi que construir um bom relacionamento com esse indivíduo compensaria a perda financeira. Eu poderia ter dito a ele: "Não, essa ideia não vai funcionar. Saia daqui agora e pense em outra coisa". Mas o que eu teria conseguido com isso? Certamente, não construiria uma relação de confiança e estímulo. Também não haveria nenhuma lição a se tirar daquilo.

Ao empoderá-lo, permitindo que seguisse em frente com a sua ideia — o que era parte do seu trabalho de qualquer maneira —, mostrei que confiava em sua habilidade de tomar decisões e valorizava sua opinião. Além disso, preparei o ambiente para situações similares que surgissem no futuro, porque estabeleceríamos um relacionamento colaborativo.

No final, a ideia falhou, exatamente como achei que aconteceria. Eu poderia ter reagido com um sonoro "eu avisei", mas não teria conseguido nada com aquilo. Nada precisava ser dito. Ele sabia que não tinha funcionado. Ele também sabia que eu tinha avisado. Porém, devido à sua verdadeira confiança em executar seu plano de maneira diferente da dos outros antes dele, ele achou que o resultado poderia ser também diferente.

Se eu tivesse implementado uma liderança autoritária e apenas rejeitado a ideia, ele não teria aprendido nada. Agora, ele passaria a reconhecer o valor das opiniões diferentes e seria capaz de fazer escolhas melhores, usando mais colaboração em seu processo de tomada de decisão. Foram lições valiosas que ele poderia levar adiante.

Perder dinheiro é um saco, então entendo que pode ser difícil afrouxar as rédeas do seu negócio de tempos em tempos. A longo prazo, porém, é realmente melhor deixar que as pessoas nas quais você confia falhem de vez em quando. As lições que elas aprendem beneficiam a todos mais adiante. É como educar um filho: às vezes, como pai, você sabe que seu filho está fazendo uma escolha estúpida, mas deixa que faça mesmo assim, porque sabe que será bom pra ele dar com a cara no chão e aprender com isso.

Conclusão

AGORA VÁ E FAÇA ACONTECER!

É muito melhor ser ousado com coisas imensas, obter triunfos gloriosos, mesmo que pontuados por fracassos, do que se nivelar àqueles pobres espíritos que não desfrutam muito nem sofrem muito, porque eles vivem no crepúsculo cinzento que não conhece nem vitória nem derrota.

— **THEODORE ROOSEVELT**
(Pensador progressista, plantador de árvores
de primeira e estimado 26º presidente dos Estados Unidos)

Se você chegou até aqui, provavelmente está pronto para dar aquele salto e mudar o mundo com sua melhor ideia. Se sim, meus parabéns! Dedicar um ano da minha vida a este livro terá valido a pena se os seus onze capítulos serviram de inspiração, motivação e até como preparação para o que está prestes a vivenciar.

Agora, você sabe que a sua jornada incluirá alguns momentos difíceis. Com sorte, eles não serão tão extremos quanto ficar atolado no deserto da Arábia Saudita ou correr o risco de ser jogado em uma prisão malgaxe. Entretanto, se algo assim acontecer, espero que aprenda tanto com a experiência quanto eu. Cada vez que encontrar um conflito desafiador, terá uma oportunidade de elevar a sua mentalidade.

A ferramenta mais essencial com a qual você pode contar para se levantar e seguir em frente nessas situações será sempre o seu *porquê*. Uma vez que entenda *por que* deseja apresentar sua ideia para o mundo, será bem-sucedido. Tenha sempre em mente que não é só a receita financeira que define seu sucesso ou fracasso. Na verdade, o seu sucesso será medido proporcionalmente a quanto da sua missão você cumpriu, a quanto conseguiu alcançar o *porquê* do seu negócio.

Na WOODCHUCK, definimos nosso sucesso pelo tanto de reflorestamento que fizemos no planeta e pelos milhões de acres de natureza pura que protegemos em todo o mundo. Outras empresas podem definir seu sucesso de acordo com quantas doenças curaram ou de quais ações tomaram para mitigar a fome mundial. Outras ainda podem ter a missão de conectar a humanidade em um nível mais profundo sem o uso de dispositivos eletrônicos. Por fim, algumas o baseiam em ajudar as pessoas a jogar badminton melhor. Não importa qual seja o seu *porquê*, ele deve ser a régua para medir o seu sucesso.

Nenhuma ideia vai acontecer, porém, se você não começar a elevar a sua mentalidade neste instante e der aquele primeiro passo.

Lembre-se, o mundo precisa de alguém foda como você. Agora, vá e coloque suas ideias em prática!

Quer conversar? Quer mais informações? Entre em contato comigo: @benjaminjovandenwymelenberg.

Agradecimentos

Sou eternamente grato a meus pais, Peter e Mary Jo VandenWymelenberg, por terem me ensinado tudo que eu precisava saber sobre ser uma boa pessoa e oferecer algo de volta à humanidade.

Agradeço também a meus treinadores de luta, Matt e Bill Verbeten, por terem me ensinado desde jovem que minha mente e minha ética de trabalho podem ser levadas dez vezes além da competição.

E um agradecimento especial a John Cunningham e David Washburn, os dois chefes/mentores de arquitetura que tive muitos anos atrás. Quando os abordei com minha pergunta sobre fazer uma pós-graduação ou começar um negócio, os dois sabiamente me aconselharam — sem hesitação — a começar meu próprio negócio, dizendo que, ao gerenciá-lo, aprenderia mais em dois anos do que em qualquer período de tempo em um programa de mestrado. Sem esse conselho, eu não estaria onde estou hoje, assim como as dezenas de milhões de árvores que plantei no mundo.

Sobre o autor

Benjamin VandenWymelenberg, outrora um garoto falido da zona rural de Wisconsin, é fundador e CEO de uma empresa multimilionária dotada de consciência social no cerne do seu modelo de negócio.

Quando ele começou, não tinha ideia de como gerenciar uma empresa, nenhum título acadêmico em universidades de elite para lastrear sua ideia e nem um tostão furado, mas fez acontecer mesmo assim. Ele deu o primeiro passo e aprendeu lições valiosas ao longo de sua jornada.

Ben sobreviveu ao fracasso diversas vezes e perseverou apesar disso tudo. Cada vez que enfrentava um desafio, focava em elevar sua mentalidade porque sabia por que estava no mundo dos negócios. Nunca se tratou exclusivamente de ganhar dinheiro, mas de colocar a natureza de volta na vida das pessoas, fabricar produtos americanos de qualidade e criar empregos nos Estados Unidos.

Seu lema corporativo na WOODCHUCK USA é "COMPRE UM. PLANTE UMA.®", e já serviu de inspiração ao plantio de milhões de árvores em seis continentes, o que causou um impacto ambiental positivo em todos os sete. Agora, Ben quer ajudar outras pessoas no desenvolvimento de suas próprias ideias para salvar o mundo. Conhecer o seu *porquê* o levará a superar todos os momentos difíceis. Mas dar o primeiro passo é o momento que permitirá que sua ideia um dia mude o mundo.

Apêndice

RESUMINDO:

1. Você pode ganhar dinheiro fazendo quase qualquer coisa na vida, mas, ao identificar o seu *porquê*, poderá exercer um impacto positivo considerável sobre si e sobre todos à sua volta.

2. Independentemente de se tratar de relações pessoais, profissionais ou financeiras, você precisa se comprometer. Você não pode fazer as coisas pela metade e esperar resultados positivos.

3. As oportunidades podem estar escondidas e você precisa realmente olhar com cuidado para encontrá-las. Quando você as encontrar, as recompensas serão tremendas.

4. Em vez de perder a motivação quando confrontado com um desafio particularmente difícil na vida ou no trabalho, eleve sua mentalidade para vê-lo como uma oportunidade de crescimento.

5. No final das contas, você deve ser capaz de vender sua ideia. Senão, ela é apenas uma ideia, não um negócio. Você tem que descobrir por que alguém estaria disposto a pagar por sua ideia.

6. Não tenha medo de fazer perguntas! Conhecer pessoas que possam ajudá-lo a obter conhecimento valioso é a chave do seu crescimento contínuo como empreendedor e como ser humano.

7. Claro, não há problema se a espiritualidade não faz parte da sua vida. Ela não é pra todo mundo. Apenas assegure-se de que seu círculo consciente inclua tudo que seja importante pra você.

8. Muitos visionários e empreendedores sacrificam seus sonhos por causa de um parceiro que não vê o todo. Assegure-se de que sua pessoa especial o apoie em sua ideia para mudar o mundo. É provável que essa pessoa faça parte de seu círculo consciente, porque ela obviamente é uma parte enorme da sua vida. Portanto, o apoio que ela oferece é inegavelmente necessário.

9. Encontre pessoas confiáveis e leais para incluir em sua equipe. Sempre.

10. Abrace o que quer que faça de você ou do seu negócio algo único. Por exemplo, se você acredita em um ambiente de trabalho que aceite a presença de cães, deixe que todos saibam disso. Pelo menos dessa maneira você não vai cometer o erro de contratar alguém que é alérgico a cachorros ou, pior ainda, uma pessoa que prefira gatos!

11. Não importa se você está escalando uma montanha ou gerenciando um negócio, se houver o mesmo nível de trabalho em equipe, o sucesso é inevitável. Se todos estão se esforçando para atingir o mesmo objetivo e se dispõem a morrer por ele, seus limites verdadeiros estão muito mais distantes do que você jamais imaginou.

12. Especialmente quando estiver iniciando o seu negócio, você precisa assegurar-se de ter um tempo livre para se desconectar e espairecer. Ao fazer isso, talvez uma vez por semana, você poderá se entregar mais completamente ao seu negócio e aos seus funcionários.

13. Se há uma lição que você deve tirar deste livro (bem, espero que haja mais de uma) é: adquira o hábito de fazer um diário. Isso deve ser uma parte ativa do seu dia, semana ou mês.

14. Muitas situações pedem um equilíbrio entre liderança e empoderamento. Isso ocorre quando a situação é muito exigente para que qualquer pessoa — mesmo o proprietário do negócio — possa executar o trabalho sozinha. Quando isso acontece, você precisa arregaçar as mangas e trabalhar com a equipe.

REFERÊNCIAS

AULETE, Caldas. Aulete digital – Dicionário contemporâneo da língua portuguesa. Dicionário Caldas Aulete, versão on-line. Acesso em 16 jul. 2020.

CHITWOOD, Roy. *World Class Selling*: Book Publishers Network, 1995.

GOGGINS, David. *Can't Hurt Me.* Narrado por Adam Skolnick e David Goggins. Local de publicação: Lioncrest Publishing, Austin, TX, 2018. Audiolivro, 13 horas, 37 minutos.

SINEK, Simon. "How Great Leaders Inspire Action". TED Talk, TEDx Puget Sound, setembro de 2009.

WICKMAN, Gino. *Traction*: BenBella Books, Dallas, TX, 2007.

TIPOGRAFIA: FIXTURE E GEORGIA